たったの72パターンでこんなに話せる中国語会話

CD BOOK

趙怡華

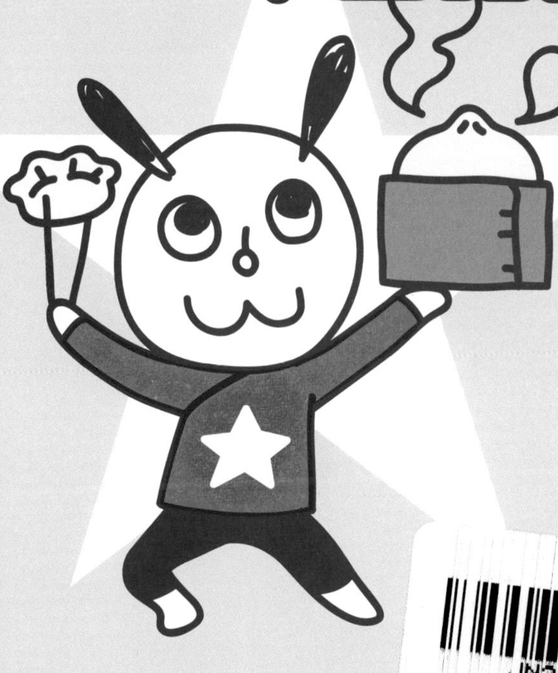

明日香出版社

はじめに

你好！（こんにちは！）

「中国語で気軽にもっと話したい」
「自然に日常の会話フレーズが言えるようになりたい」

　中国語を学んでいる多くの方がこのように感じていると思います。この『CD BOOK たったの72パターンでこんなに話せる中国語会話』では、日常会話でよく使われる「パターン」をピックアップしました。タイトルの通り、たったの72個のパターンで、基本的な会話は本当にできるのです。

　どの言語にも必ず「文型」（パターン）があります。フレーズの丸暗記ではなく、**きちんと「文型」を理解することにより、あとは単語を入れ替えるだけで、会話のバリエーションを広げることができます。**

　この『72パターン』シリーズの英会話版『CD BOOK たったの72パターンでこんなに話せる英会話』は、ベストセラーとなっています。「本当にこれだけで会話ができるなんて！」と多くの読者の方々に実感していただき、ご好評いただいています。

　本書の「Part 1 これだけは！ 絶対覚えたい重要パターン21」では、基本的な会話のパターンを学びます。
　そして各パターンの「応用」では、それぞれの否定パターンと疑問パターンも丁寧に確認し、「答え方」の例も学ぶことができます。

　そして「Part 2 使える！ 頻出パターン51」では、日常会話の幅を

広げることができるように、友人との会話や旅行などでよく使う表現をバラエティー豊かに盛り込みました。

「基本フレーズ」「基本パターンで言ってみよう！」「応用パターンで言ってみよう！」の各フレーズにはルビをふってあります。
　外国語の発音をカタカナで表記するのは難しい面もありますので、ルビはあくまで参考になさってください。

　CDを繰り返し聴いてまず耳を慣らし、そしてネイティブの発音を聴きながら、実際に自分でも発音を練習してみてください。

　本書の72パターンを習得することによって、日常会話に必要な基本的な文法も自然に身につくように工夫しています。
　まずはこの本の各パターンを使って、いろいろなシーンでどんどん話してみてください。そして中国の人たちとの会話をぜひ楽しんでください。
　本書が皆さまのお役に立てるように願っています。

2011年3月吉日
趙　怡華（Chao Yihua）
y2327886@hotmail.com

◆CDの使い方◆

CDには、各フレーズが日本語→中国語の順に収録されています。中国語が実際にどのように話されているかを確認しながら聴いてください。
次に、発音やリズムをまねて、実際に言ってみましょう。
慣れてきたら、日本語の後に自分で中国語を言ってみましょう。

目 次

中国語・基本の基本！…8

絶対覚えたい重要パターン21

- **1** これは〜です／这是〜 …18
- **2** 私は〜です／我是〜 …22
- **3** 〜します／我＋動詞 …26
- **4** 〜しています／我＋正在＋動詞 …30
- **5** 〜すると思います／我＋時間副詞＋動詞 …34
- **6** 〜するつもりです／我＋打算＋動詞 …38
- **7** 〜しました／我＋動詞＋了 …42
- **8** 〜したことがあります／我＋動詞＋过 …46
- **9** (もう)〜しました／我＋已经＋動詞＋过了 …50
- **10** 〜できます ①／我＋会＋動詞 …54
- **11** 〜できます ②／我＋能＋動詞 …58
- **12** 〜してもよい／可以＋動詞 …62
- **13** 〜したいです ①／我＋想＋動詞 …66
- **14** 〜したいです ②／我＋要＋動詞 …70
- **15** 〜があります、〜を持っています／有〜 …74
- **16** 〜にいます、〜にあります／在〜 …78
- **17** 〜は誰？／〜是谁? …82
- **18** 〜はいつ？／〜什么时候? …86
- **19** 〜はどこ？／〜在哪里? …92
- **20** どうして〜？／为什么〜? …96
- **21** 〜はどう？／〜怎么样? …100

Part II 頻出パターン51

- **22** 〜は（どう）？／〜呢? …108
- **23** 〜してみて／〜看 …110
- **24** 〜しよう／〜吧 …112
- **25** 〜だと思う①／我＋觉得〜 …114
- **26** 〜だと思う②／我＋想〜 …116
- **27** 〜だと思う③／我＋认为〜 …118
- **28** 〜だといいね／希望〜 …120
- **29** 前は〜だったよ／我＋以前＋動詞 …122
- **30** …に〜させて／让… 動詞 …124
- **31** 〜をありがとう／谢谢〜 …126
- **32** 〜してごめんね／对不起〜 …128
- **33** 〜じゃないの？／不〜吗? …130
- **34** 〜しないの？／不〜吗? …132
- **35** 〜してないの？／没〜吗? …134
- **36** そんなに〜じゃないよ／没那么〜 …136
- **37** 〜すぎるよ／太〜了 …138
- **38** 〜する予定です／我＋预计〜 …140
- **39** 〜するはずでした／我＋原先预定〜 …142
- **40** 〜かもしれない①／有可能〜 …144
- **41** 〜かもしれない②／也许〜 …146
- **42** 〜すべきだよ／应该〜 …148
- **43** 〜するはずだよ／应该〜 …150

44	～のはずがない／不可能～	…152
45	～に違いない／一定～	…154
46	～してください／请～	…156
47	～しないで／不要～	…158
48	～してもいい？①／可以～吗？	…160
49	～してもいい？②／可不可以～？	…162
50	～していただけませんか？／能不能～？	…164
51	～が必要です／我＋需要～	…166
52	どんな～？／什么样的～？	…168
53	よく～するの？／常～吗？	…170
54	～そうだね／好像～	…172
55	～しそうだね／好像 快～了	…174
56	～によるよ／看～吧	…176
57	～ってこと？／你＋是说～	…178
58	～だよね？／～，是吧？	…180
59	～頑張って／祝你～顺利	…182
60	～おめでとう／恭喜～	…184
61	何時～？／几点～？	…186
62	～するようにしているよ／我＋努力尝试～	…190
63	～を楽しみにしているよ／我＋很盼望～	…192
64	～で困っているの／我～遇到困难	…194
65	～されました／被～了	…196
66	～なので、…／因为～，所以…	…198
67	～だから、…／～，所以…	…200
68	～のとき／～时	…202
69	もし～だったら／如果～	…204
70	AはBより～／A比B～	…206
71	…のほうが～だ／…比较～	…208
72	～だって／听说～	…210

カバーデザイン：渡邊民人(TYPE FACE)
カバーイラスト：草田みかん
本文デザイン　：中川由紀子(TYPE FACE)
本文イラスト　：qanki

◎中国語・基本の基本！◎

1. 人称代名詞

1人称	単数	私	我	wǒ　ウォ
	複数	私たち	我们	wǒ men　ウォ メン
2人称	単数	あなた	你 您	nǐ　ニ nín　ニン
	複数	あなたたち	你们	nǐ men　ニ メン
3人称	単数	彼 彼女	他 她	tā　タ tā　タ
	複数	彼ら 彼女ら	他们 她们	tā men　タ メン tā men　タ メン

※ 「あなた」(2人称単数)は、中国語では『你』『您』の2通りの言い方があります。『您』は目上の人などに対して尊敬を込めた言い方です。

2. 指示代名詞

●「物」を表す

近称	単数	これ この	这 这个	zhè　ゼ zhè ge　ゼガ
	複数	これら これらの	这些	zhè xiē　ゼシェ
遠称	単数	あれ あの	那 那个	nà　ナ nà ge　ナガ
	複数	あれら あれらの	那些	nà xiē　ナシェ

●「場所」を表す

近称	ここ	这儿 这里	zhèr　ゼル zhè li　ゼリ
遠称	あそこ	那儿 那里	nàr　ナル nà li　ナリ

3. 疑問詞

何	什么	shén me　センモ
誰	谁	shéi　シェイ
どれ どの	哪 哪个	nǎ　ナ nǎ ge　ナガ
どこ	哪儿 哪里	nǎr　ナル nǎ li　ナリ
いつ	什么时候	shén me shí hòu センモスホウ
どのくらい	多〜	duō　ドゥオ
いくつ	几	jǐ　ジ

4. 基本構文

(1)

> 肯定文　　AはBです。
> 否定文　　AはBではありません。
> 疑問文　　AはBですか？

●Bが「名詞」の場合

肯定文	A 是 B。	AはBです。
否定文	A 不是 B。	AはBではありません。
疑問文	A 是 B 吗?	AはBですか？
	A 是不是 B (呢)?	AはBですか？

●Bが「形容詞」の場合

肯定文	A 很 B。	AはBです。
否定文	A 不 B。	AはBではありません。
疑問文	A 很 B 吗?	AはBですか？
	A B 不 B (呢)?	AはBですか？

(2)

> 肯定文　　AはBします。
> 否定文　　AはBしません。
> 疑問文　　AはBしますか？

●Bが「動詞」の場合

肯定文	A B。	AはBします。
否定文	A 不 B。	AはBしません。
疑問文	A B 吗?	AはBしますか？
	A B不B（呢）?	AはBしますか？

☆よく使う動詞

『去』行く	『来』来る	『喝』飲む
『见』会う	『听』聞く	『用』使う
『吃』食べる	『买』買う	『卖』売る
『想』思う	『哭』泣く	『笑』笑う
『工作』働く	『学习』勉強する	『玩儿』遊ぶ

5. 助動詞

☆よく使う助動詞

能	néng ナン	～できる
会	huì ホェ	～する能力がある ～する可能性がある
要	yào ヤウ	～する必要がある
想	xiǎng シャン	～したい
可以	kě yǐ カイ	～してもよい
打算	dǎ suàn ダスゥアン	～するつもりである
应该	yīng gāi インガイ	～すべきである、 ～はずだ

● 能 （～できる）

肯定文	A 能 B。	AはBできます。
否定文	A 不能 B。	AはBできません。
疑問文	A 能 B 吗?	AはBできますか？
	A 能不能 B (呢)?	AはBできますか？

●会 （～する能力がある、～する可能性がある）

肯定文	A 会 B。	A は B する能力があります。
否定文	A 不会 B。	A は B する能力がありません。
疑問文	A 会 B 吗？	A は B する能力がありますか？
	A 会不会 B（呢）？	A は B する能力がありますか？

●要 （～する必要がある）

肯定文	A 要 B。	A は B する必要があります。
否定文	A 不要 B。	A は B する必要がありません。
疑問文	A 要 B 吗？	A は B する必要がありますか？
	A 要不要 B（呢）？	A は B する必要がありますか？

●想 （～したい）

肯定文	A 想 B。	A は B したいです。
否定文	A 不想 B。	A は B したくありません。
疑問文	A 想 B 吗？	A は B したいですか？
	A 想不想 B（呢）？	A は B したいですか？

●可以　（〜してもよい）

肯定文	A 可以 B。	AはBしてもよいです。
否定文	A 不可以 B。	AはBしてはいけません。
疑問文	A 可以 B 吗?	AはBしてもよいですか？
	A 可不可以 B（呢）?	AはBしてもよいですか？

●打算　（〜するつもりである）

肯定文	A 打算 B。	AはBするつもりです。
否定文	A 不打算 B。	AはBするつもりではありません。
疑問文	A 打算 B 吗?	AはBするつもりですか？

●应该　（〜すべきである、〜はずだ）

肯定文	A 应该 B。	AはBすべきです。
否定文	A 不应该 B。	AはBすべきではありません。
疑問文	A 应该 B 吗?	AはBすべきですか？
	A 应不应该 B（呢）?	AはBすべきですか？

Part I

これだけは!!
絶対覚えたい重要パターン21

II

これは〜です

这是〜

这是 我的 伊妹儿。
Zhè shì wǒ de yī mèir
ゼ ス ウォ ダ イ メイアル

これが私のEメールアドレスです。

こんなときに使おう!

Eメールアドレスを教えるときに…

『这是〜』は「これは(が)〜です」という表現です。『〜』には名詞が来ます。中国語で「これ」は『这』、「それ」「あれ」は『那』です。自分の近くにあるものを『这是〜』、遠くにあるものを『那是〜』と説明するときなどに使います。

● 基本パターン ●

这是 ＋ 名詞（我的 伊妹儿）。

基本パターンで言ってみよう！

这是 我的。
Zhè shì wǒ de
ゼ ス ウォ ダ

これは私のものです。

这是 我的 名片。
Zhè shì wǒ de míng piàn
ゼ ス ウォ ダ ミン ピェン

これは私の名刺です。

这是 我的 电话号码。
Zhè shì wǒ de diàn huà hào mǎ
ゼ ス ウォ ダ ディエン ファ ハウ マ

これは私の電話番号です。

这是 我的 男朋友。
Zhè shì wǒ de nán péng you
ゼ ス ウォ ダ ナン ペン ヨ

こちらは私のボーイフレンドです。

応 用

●否定パターン●

『是』の前に『不』をつけるだけ！

这 ＋ 不是 ＋ 名詞 。

这 不是 我的 伊妹儿。
Zhè　bú shì　wǒ de　　yī mèir
ゼ　　ブ ス　ウォ ダ　イ メイ アル

（これは私のＥメールアドレスではありません）

●疑問パターン●

文末に『吗』をつけるだけ！

这是 ＋ 名詞 ＋ 吗 ?

这 是 你的 伊妹儿 吗?
Zhè　shì　nǐ de　　yī mèir　　ma
ゼ　　ス　ニ ダ　イ メイ アル　マ

（これはあなたのＥメールアドレスですか？）

答え方　是 我的。（私のものです）

　　　　　不是 我的。（私のものではありません）

これは〜です／这是〜

 応用パターンで言ってみよう!

这 不是 我的。
Zhè bú shì wǒ de
ゼ ブス ウォ ダ

これは私のものじゃない。

这 是 你的 吗?
Zhè shì nǐ de ma
ゼ ス ニ ダ マ

これはあなたのものですか？

这 是 爱情 吗?
Zhè shì ài qíng ma
ゼ ス アイ チン マ

これは恋かしら？

这 是 什么?
Zhè shì shén me
ゼ ス センモ

これは何ですか？

ワンポイント 『什么』は疑問詞で、「何」という意味です。

 これも知っておこう!

『这』を『那』に変えると、「それ（あれ）は〜」という表現になります。

那 是 我的 老师。
Nà shì wǒ de lǎo shī
ナ ス ウォ ダ ラウス

あちらは私の先生です。

2 私は〜です

我是〜

基本フレーズ

我 是 学生。
Wǒ shì xué sheng
ウォ ス シュェ セン

私は学生です。

こんなときに使おう!
職業などを聞かれたときに…

『主語+是〜』は、「主語は〜です」という表現です。『〜』には、名詞が来ます。よく英語の be 動詞に似ていると言われますが、主語の人称、数、時制などによって語形の変化はありません。

基本パターン

主語（我） + 是 + 名詞（学生）。

あなた	你	あなたたち	你们
私	我	私たち	我们
彼／彼女	他 / 她	彼ら／彼女ら	他们 / 她们

基本パターンで言ってみよう!

我是 日本人。
Wǒ shì Rì běn rén
ウォ ス リ ベンレン

私は日本人です。

我是 上班族。
Wǒ shì shàng bān zú
ウォ ス サン バン ズゥ

私は会社員です。

我们是 好朋友。
Wǒ men shì hǎo péng you
ウォ メン ス ハウ ペン ヨ

私たちは親友です。

他是 我的 男朋友。
Tā shì wǒ de nán péng you
タ ス ウォ ダ ナン ペン ヨ

彼は私の恋人です。

她是 大阪人。
Tā shì Dà bǎn rén
タ ス ダ バン レン

彼女は大阪出身の人です。

ワンポイント 『〜人』はその人の出身を表す表現。

我爸爸 是 公务员。
Wǒ bà ba shì gōng wù yuán
ウォ バ バ ス ゴン ウ ユェン

父は公務員です。

応 用

●否定パターン●

『是』の前に『不』をつけるだけ！

主語 ＋ **不是** ＋ 名詞 。

我 不是 学生。（私は学生ではありません）
Wǒ　　bú shì　　xué sheng
ウォ　　ブ　ス　　シュェ セン

●疑問パターン●

文末に『吗』をつけるだけ！

主語 ＋ 是 ＋ 名詞 ＋ **吗** ？

你 是 学生 吗?（あなたは学生ですか？）
Nǐ　　shì　xué sheng　ma
ニ　　ス　シュェ セン　マ

答え方 是，我是。　　（はい、そうです）
　　　　　不是，我不是。（いいえ、違います）

ワンポイント 『是。』『不是。』だけ、または『我是。』『我不是。』でも OK。

応用パターンで言ってみよう!

他 不是 上班族。
Tā　　bú shì　　shàng bān zú
タ　　ブ ス　　サン バン ズゥ

彼は会社員ではありません。

你 是 哪里人?
Nǐ　　shì　　nǎ li rén
ニ　　ス　　ナ リ レン

あなたはどこのご出身ですか?

ワンポイント 『哪里人』は「どこの人」=「どこの出身」。

3 〜します

我 + 動詞

基本フレーズ

我 喝酒。
Wǒ hē jiǔ
ウォ ハ ジョ

私はお酒を飲みます。

こんなときに使おう!
「何を飲みますか?」と聞かれて…

『 主語 + 動詞 』は、「 主語 は〜します」という表現です。
中国語の動詞には英語や日本語のような活用や変化はありません。

基本パターン

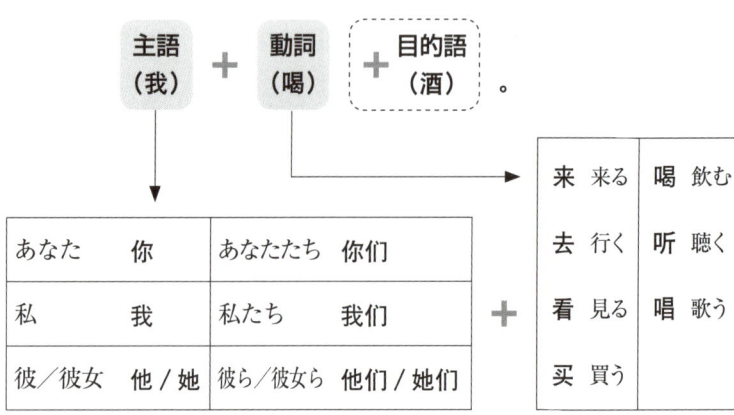

基本パターンで言ってみよう！

我 赞成。
Wǒ　zàn chéng
ウォ　ザン チェン

私は賛成です。

ワンポイント 『赞成』賛成する

我 每天 工作。
Wǒ　měi tiān　gōng zuò
ウォ　メイ ティエン　ゴン ズゥォ

私は毎日働いている。

ワンポイント 『每天』毎日

我爸 喝酒。
Wǒ bà　hē jiǔ
ウォ バ　ハ ジョ

父はお酒を飲むの。

ワンポイント 『我爸』父　『喝酒』お酒を飲む

我 踢 足球。
Wǒ　tī　zú qiú
ウォ　ティ　ズゥチョ

私はサッカーをします。

応用

●否定パターン●

動詞の前に『不』をつけるだけ！

主語 ＋ **不** ＋ 動詞 。

我 不 喝酒。（私はお酒を飲みません）
Wǒ　bù　　hē jiǔ
ウォ　ブ　　ハ ジョ

●疑問パターン●

文末に『吗』をつけるだけ！

主語 ＋ 動詞 ＋ **吗** ？

你 喝酒 吗？ （お酒を飲みますか？）
Nǐ　　hē jiǔ　ma
ニ　　ハ ジョ　マ

答え方　我 喝酒。（お酒を飲みます）
　　　　　我 不喝酒。（お酒を飲みません）

応用パターンで言ってみよう!

他 不来。
Tā bù lái
タ ブ ライ

彼は来ないよ。

ワンポイント　『不+ 動詞 』は否定文。

我 不认识 她。
Wǒ bú rèn shi tā
ウォ ブ レンシー ター

彼女のこと知らないよ。

ワンポイント　『认识』(人のことを会って)知っている

你 爱她 吗?
Nǐ ài tā ma
ニ アイ タ マ

彼女のことを愛しているの?

你 吸烟 吗?
Nǐ xī yān ma
ニ シ イェン マ

タバコを吸う?

ワンポイント　『吸烟』タバコを吸う

～しています

我＋正在＋動詞

基本 フレーズ

我 正在 吃饭（呢）。
Wǒ　zhèng zài　chī fàn　　(ne)
ウォ　ゼン ザイ　ツ ファン　　(ナ)

（今）ご飯を食べているよ。

こんなときに使おう!
「今、何をしているの？」と聞かれて…

『 主語 ＋正在＋ 動詞 』は「 主語 は～しています」と動作の真っ最中であることを表す表現です。語尾の『呢』は通常、省略することができます。

● 基本パターン ●

主語（我） ＋ 正在 ＋ 動詞（吃） ＋ （呢） 。

基本パターンで言ってみよう!

我 正在 打 电话。
Wǒ　zhèng zài　dǎ　diàn huà
ウォ　ゼン ザイ　ダ　ディェン ホァ

（今）電話をかけているよ。

ワンポイント 『打电话』電話をかける

我 正在 做 饭。
Wǒ　zhèng zài　zuò　fàn
ウォ　ゼン ザイ　ズゥォ　ファン

（今）ご飯を作っているよ。

ワンポイント 『做饭』ご飯を作る

他 正在 上 厕所。
Tā　zhèng zài　shàng　cè suǒ
タ　ゼン ザイ　サン　ツェ スゥオ

彼は（今）トイレです。

ワンポイント 『上厕所』トイレにいる

她 正在 接 电话。
Tā　zhèng zài　jiē　diàn huà
タ　ゼン ザイ　ジェ　ディェン ホァ

彼女は（今）電話中です。

ワンポイント 『接电话』電話で話す

応 用

●否定パターン●

動詞の前に『没在』をつけるだけ！

主語 ＋ 没在 ＋ 動詞 。

我 没在 吃饭。（今ご飯を食べていないよ）
Wǒ méi zài chī fàn
ウォ メイ ザイ ツ ファン

●疑問パターン●

文末に『吗』をつけるだけ！

主語 ＋ 正在 ＋ 動詞 ＋ 吗 ？

你 正在 吃饭 吗? （今ご飯を食べているの？）
Nǐ zhèng zài chī fàn ma
ニ ゼン ザイ ツ ファン マ

答え方1 对。（はい）

没有。（いいえ）

答え方2 对，我 正在 吃饭。

（はい、今ご飯を食べているよ）

没有，我 没在 吃饭。

（いいえ、今ご飯を食べていないよ）

※否定の場合『正』はつけません。『我没正在吃饭。』とは言いません。

~しています／我＋正在＋動詞

 応用パターンで言ってみよう!

我 没在 听音乐。
Wǒ méi zài tīng yīn yuè
ウォ メイ ザイ ティン イン ユェ

音楽を聴いていないよ。

我 没在 网上 聊天。
Wǒ méi zài wǎng shàng liáo tiān
ウォ メイ ザイ ワン サン リアオ ティェン

チャットをやっていないよ。

我 没在 看漫画。
Wǒ méi zài kàn màn huà
ウォ メイ ザイ カン マン ホワ

マンガを読んでいないよ。

你 正在 等人 吗?
Nǐ zhèng zài děng rén ma
ニ ゼン ザイ ダン レン マ

だれかを待っているの？

ワンポイント 『等』待つ

孩子 在 写作业 吗?
Hái zi zài xiě zuò yè ma
ハイ ズ ザイ シェ ズゥォ イェ マ

子供は宿題をやっている？

ワンポイント 『孩子』子供　　『作业』宿題

5 〜すると思います

我＋ 時間副詞 ＋ 動詞

基本フレーズ

我 明天 在家。
Wǒ míng tiān zài jiā
ウォ ミン ティェン ザイ ジャ

明日は自宅にいると思うよ。

こんなときに使おう！
「明日はどうしている？」と聞かれて…

『 主語 ＋ (未来を表す)時間副詞 ＋ 動詞 』は「〜すると思います」と未来を表す表現です。

中国語の特徴の一つは、『昨天』(昨日)、『今天』(今日)、『明天』(明日)などの時間副詞を使って、時制を表現します。

『昨天』がつくと過去形で、『明天』がつくと未来形を表します。文脈によって時間副詞がなくても過去や未来を表すこともできます。

基本パターン

主語（我） ＋ 時間副詞（明天） ＋ 動詞（在） 。

時間副詞を主語の前に置くことも可能です。この場合は時間が強調されています。

基本パターンで言ってみよう!

我 明天 去 上海。
Wǒ　míng tiān　qù　Shàng hǎi
ウォ　ミンティェン　チュィ　サンハイ

私は明日、上海に行きます。

ワンポイント 『去』行く

他 后天 回国。
Tā　hòu tiān　huí guó
タ　ホウティェン　ホェグォ

彼はあさって帰国します。

ワンポイント 『回国』帰国する

我 下个月 结婚。
Wǒ　xià ge yuè　jié hūn
ウォ　シャガユェ　ジェフン

私は来月、結婚します。

ワンポイント 『下个月』来月

我 明年 毕业。
Wǒ　míng nián　bì yè
ウォ　ミンニェン　ビイェ

私は来年、卒業します。

ワンポイント 『毕业』卒業する

我爸 今年年底 退休。
Wǒ bà　jīn nián nián dǐ　tuì xiū
ウォバ　ジンニェンニェンディ　トェショ

私の父は今年の年末に定年です。

ワンポイント 『退休』定年になる

応 用

●否定パターン●

動詞の前に『不』をつけるだけ！

主語 ＋ 時間副詞 ＋ **不** ＋ 動詞 。

我 明天 不 在家。（明日は自宅にいないと思うよ）
Wǒ　míng tiān　bú　zài jiā
ウォ　ミンティエン　ブ　ザイジャ

ワンポイント 『在家』自宅にいる　『在』いる

●疑問パターン●

文末に『吗』をつけるだけ！

主語 ＋ 時間副詞 ＋ 動詞 ＋ **吗** ？

你 明天 在家 吗?（明日は自宅にいる？）
Nǐ　míng tiān　zài jiā　ma
ニ　ミンティエン　ザイジャ　マ

答え方1 在。（はい）
　　　　　不在。（いいえ）
答え方2 我 在家。（自宅にいるよ）
　　　　　我 不在家。（自宅にいないよ）

~すると思います／我＋時間副詞＋動詞

I これだけは!! 絶対覚えたい重要パターン21

😊 応用パターンで言ってみよう！

你 待会 出门 吗？
Nǐ dāi huì chū mén ma
ニ ダイ ホェ ツゥメン マ

あとで出かけるの？

> **ワンポイント** 『待会』あとで 『出门』出かける

我 明天 不 上班。
Wǒ míng tiān bú shàng bān
ウォ ミンティェン ブ サン バン

明日、出勤しません。

> **ワンポイント** 『上班』出勤する

你 明天 做 什么？
Nǐ míng tiān zuò shén me
ニ ミンティェン ズゥォ センモ

明日、何をするの？

> **ワンポイント** 『做』する 『什么』何

你 出席 明天的 会议 吗？
Nǐ chū xí míng tiān de huì yì ma
ニ ツゥシ ミンティェンダ フェイ マ

明日の会議に出席する？

> **ワンポイント** 『会议』会議

公司 明年 不加薪。
Gōng sī míng nián bù jiā xīn
ゴンス ミンニェン ブ ジャシン

会社は来年、給料を上げないんだ。

> **ワンポイント** 『加薪』賃上げする

6 〜するつもりです

我＋打算＋動詞

基本フレーズ

我 打算 买房子。
Wǒ dǎ suàn mǎi fáng zi
ウォ ダ スゥァン マイ ファン ズ

家を買うつもりです。

こんなときに使おう！

「なにか予定をしている？」と聞かれて…

『 主語 ＋打算＋ 動詞 』は「〜するつもりです」と予定や計画を表す表現です。

基本パターン

主語（我） ＋ 打算 ＋ 動詞（买） 。

😊 基本パターンで言ってみよう!

我 打算 下星期 回中国。
Wǒ dǎ suàn xià xīng qī huí Zhōng guó
ウォ ダ スゥァン シャ シン チ ホェ ゾングォ

来週、中国に帰るつもりなの。

ワンポイント 『下星期』来週 『回』帰る

我 打算 考大学。
Wǒ dǎ suàn kǎo dà xué
ウォ ダ スゥァン カウ ダ シュェ

大学入試を受けるつもり。

ワンポイント 『考大学』大学入試を受ける

我 打算 明年 结婚。
Wǒ dǎ suàn míng nián jié hūn
ウォ ダ スゥァン ミン ニェン ジェ フン

来年、結婚するつもりなの。

ワンポイント 『明年』来年

我 打算 去学 中文。
Wǒ dǎ suàn qù xué Zhōng wén
ウォ ダ スゥァン チュィ シュェ ゾン ウン

中国語を勉強するつもりだよ。

ワンポイント 『学』勉強する

他 打算 辞去 工作。
Tā dǎ suàn cí qù gōng zuò
タ ダ スゥァン ツ チュィ ゴン ズゥォ

彼は仕事をやめるつもりだよ。

ワンポイント 『辞』辞職する

応 用

●否定パターン●

動詞の前に『不打算』をつけるだけ！

主語 ＋ 不打算 ＋ 動詞 。

我 不打算 买房子。（家を買わないつもりです）
Wǒ　bù dǎ suàn　mǎi fáng zi
ウォ　ブ ダ スワァン　マイ ファン ズ

ワンポイント 『买』買う　　『房子』家

●疑問パターン●

文末に『吗』をつけるだけ！

主語 ＋ 打算 ＋ 動詞 ＋ 吗 ？

你 打算 买房子 吗?（家を買うつもりですか？）
Nǐ　dǎ suàn　mǎi fáng zi　ma
ニ　ダ スワァン　マイ ファン ズ　マ

答え方1　是。（はい）
　　　　　不。（いいえ）
答え方2　我 打算。　（はい、買うつもりです）
　　　　　我 不打算。（いいえ、買わないつもりです）

~するつもりです／我＋打算＋動詞

応用パターンで言ってみよう！

你 打算 戒烟 吗?
Nǐ dǎ suàn jiè yān ma
ニ ダ スヮン ジェイェン マ

タバコをやめるつもりなの？

ワンポイント 『戒烟』タバコをやめる

你 打算 向她 道歉 吗?
Nǐ dǎ suàn xiàng tā dào qiàn ma
ニ ダ スヮン シャンタ ダウチェン マ

彼女に謝るつもり？

ワンポイント 『道歉』謝る

我们 不打算 生小孩。
Wǒ men bù dǎ suàn shēng xiǎo hái
ウォメン ブ ダ スヮン セン シャウ ハイ

私たちは子供を産まないつもりです。

ワンポイント 『生小孩』子供を産む

你 暑假 打算 做什么?
Nǐ shǔ jià dǎ suàn zuò shén me
ニ シュウジャ ダ スヮン ズォ セン モ

夏休みは何をするつもり？

ワンポイント 『暑假』夏休み

我 不打算 投资。
Wǒ bù dǎ suàn tóu zī
ウォ ブ ダ スヮン トウ ズ

僕は投資しないつもりだよ。

7 〜しました

我＋動詞＋了

基本フレーズ

我 看 了。
Wǒ kàn le
ウォ カン ラ

見ました。

こんなときに使おう！
「もう見た？」と聞かれて…

『 主語 ＋ 動詞 ＋了』は一番シンプルな過去形です。

中国語の動詞は、英語や日本語のような変化はしません。過去、現在、未来を表す副詞や修飾語などがつけば、その文章は自動的に過去、現在、未来形になります。

過去形には必ず『了』がつくわけではありません。むしろ時間副詞で時制を表すことが多いのです。たとえば、

　　我 昨天 去 公司。（昨日、会社に行った）
　　我 明天 去 公司。（明日、会社に行く）

となります。

●基本パターン●

主語（我） ＋ 動詞（看） ＋ 了 。

基本パターンで言ってみよう！

我 辞职 了。
Wǒ cí zhí le
ウォ ツ ズ ラ

仕事をやめた。

ワンポイント 『辞职』仕事をやめる

我 听见 了。
Wǒ tīng jiàn le
ウォ ティンジェン ラ

聞こえたよ。

ワンポイント 『听见』聞こえる

我 结婚 了。
Wǒ jié hūn le
ウォ ジェフン ラ

結婚しました。

我 找到 工作 了。
Wǒ zhǎo dào gōng zuò le
ウォ ザウダウ ゴンズゥオ ラ

仕事が見つかった。

ワンポイント 『工作』仕事

我 买 新电脑 了。
Wǒ mǎi xīn diàn nǎo le
ウォ マイ シンディェンナウ ラ

新しいパソコンを買いました。

応 用

●否定パターン●

動詞の前に『没』をつけるだけ！

主語 ＋ 没 ＋ 動詞 。

我 没看。（見ていません）
Wǒ　méi kàn
ウォ　メイ カン

●疑問パターン●

文末に『吗』をつけるだけ！

主語 ＋ 動詞 ＋ 了 ＋ 吗 ?

你 看了 吗?（見ましたか？）
Nǐ　kàn le　ma
ニ　カン ラ　マ

答え方　看了。（見ました）
　　　　没看。（見ていません）

〜しました／我＋動詞＋了

応用パターンで言ってみよう!

我 没参加。
Wǒ méi cān jiā
ウォ メイ ツァン ジャ

参加してないよ。

你 去了 吗?
Nǐ qù le ma
ニ チュィ ラ マ

行ったの?

我 没 打电话 给他。
Wǒ méi dǎ diàn huà gěi tā
ウォ メイ ダ ディェン ホァ ゲイ タ

彼に電話してないよ。

ワンポイント 『打电话』電話をかける

你 暑假 回家了 吗?
Nǐ shǔ jià huí jiā le ma
ニ スゥ ジャ ホェ ジャ ラ マ

夏休みは帰ったの?

ワンポイント 『回家』うちに帰る

8 ～したことがあります

我＋動詞＋过

基本フレーズ

我 去过 上海。
Wǒ　qù guo　Shàng hǎi
ウォ　チュィ グォ　サン ハイ

上海に行ったことがあります。

こんなときに使おう！

「中国のどこかに行った？」と聞かれて…

『主語＋動詞＋过』は経験を表す表現です。

基本パターン

主語（我）＋ 動詞（去）＋ 过 。

基本パターンで言ってみよう！

我 去过 那里。
Wǒ　qù guo　nà li
ウォ　チュィ グォ　ナ リ

あそこに行ったことがあるよ。

ワンポイント　『那里』そこ、あそこ

我 学过 中文。
Wǒ xué guo Zhōng wén
ウォ シュェ グォ ゾン ウン

中国語を勉強したことがあるよ。

> ワンポイント 『学』習う、勉強する

我 见过 他本人。
Wǒ jiàn guo tā běn rén
ウォ ジェン グォ タ ベン レン

本人に会ったことがあるよ。

> ワンポイント 『见』見る、会う

我 看过。
Wǒ kàn guo
ウォ カン グォ

見たことがあるよ。

我 吃过 大闸蟹。
Wǒ chī guo dà zhá xiè
ウォ ツ グォ ダ ザ シェ

上海ガニを食べたことがあるよ。

> ワンポイント 『大闸蟹』上海ガニ

我 在 广州 住过。
Wǒ zài Guǎng zhōu zhù guo
ウォ ザイ グァン ゾウ ズゥ グォ

広州に住んだことがあるよ。

> ワンポイント 『在＋ 場所 』は「 場所 に」の意味。

応 用

●否定パターン●

動詞の前に『没』をつけるだけ！

主語 ＋ 没 ＋ 動詞 ＋ 过 。

我 没去过 上海。（上海に行ったことがありません）
Wǒ　méi qù guo　Shàng hǎi
ウォ　メイ チュィ グォ　サン ハイ

『没』の前に『从』をつけると「一度も〜ない」という強いニュアンスになります。

我 从没去过 上海。（上海に一度も行ったことがありません）
Wǒ　cóng méi qù guo　Shàng hǎi
ウォ　ツォン メイ チュィ グォ　サン ハイ

●疑問パターン●

文末に『吗』をつけるだけ！

主語 ＋ 動詞 ＋ 过 ＋ 吗 ？

你 去过 上海 吗？ （上海に行ったことがありますか？）
Nǐ　qù guo　Shàng hǎi　ma
ニ　チュィ グォ　サン ハイ　マ

　答え方　去过。（行ったことがあります）
　　　　　没去过。（行ったことがありません）

~したことがあります／我＋動詞＋过

応用パターンで言ってみよう！

我 没吃过 这个。
Wǒ　méi chī guo　zhè ge
ウォ　メイ ツ グォ　ゼ ガ

これを食べたことはないよ。

ワンポイント 『这个』これ

我 从没听过。
Wǒ　cóng méi tīng guo
ウォ　ツォン メイ ティン グォ

一度も聞いたことがないよ。

我 没见过 这个人。
Wǒ　méi jiàn guo　zhè ge rén
ウォ　メイ ジェン グォ　ゼ ガ レン

この人を見たことはないよ。

ワンポイント 『这个人』この人

你 来过 日本 吗?
Nǐ　lái guo　Rì běn　ma
ニ　ライ グォ　リ ベン　マ

日本に来たことがある？

ワンポイント 「これまでに来たことがある」というニュアンス。

你 谈过 恋爱吗?
Nǐ　tán guo　liàn ài ma
ニ　タン グォ　リェン アイ マ

恋したことある？

ワンポイント 『谈恋爱』恋をする

9 (もう)～しました

我＋已经＋ 動詞 ＋过了

基本フレーズ

我 已经 吃过了。
Wǒ　yǐ jīng　chī guo le
ウォ　イ ジン　ツ グォ ラ

もう食べたよ。

こんなときに使おう！
「食事した？」と聞かれて…

『 主語 ＋已经＋ 動詞 ＋过了』は、「もう～しました」という完了を表す表現です。

基本パターン

主語（我） ＋ 已经 ＋ 動詞（吃） ＋ 过了 。

基本パターンで言ってみよう!

我 已经 去过 那间店 了。
Wǒ yǐ jīng qù guo nà jiān diàn le
ウォ イ ジン チュィ グォ ナ ジェン ディエン ラ

あの店はもう行ったよ。

ワンポイント 「店」を数える量詞は『间』です。

我 已经 试过了。
Wǒ yǐ jīng shì guo le
ウォ イ ジン ス グォ ラ

もうやってみたよ。

ワンポイント 『试』試す、やってみる

我 已经 打过 电话 了。
Wǒ yǐ jīng dǎ guo diàn huà le
ウォ イ ジン ダ グォ ディエン ホァ ラ

もう電話をかけたよ。

ワンポイント 『打电话过了』とは言わないので語順に注意。

我 已经 努力过了。
Wǒ yǐ jīng nǔ lì guo le
ウォ イ ジン ヌ リ グォ ラ

努力したよ。

我 已经 问过了。
Wǒ yǐ jīng wèn guo le
ウォ イ ジン ウェン グォ ラ

もう聞いたよ。

ワンポイント 『问』聞く

応 用

●否定パターン●

動詞の前に『还没』をつけるだけ！

主語 ＋ 还没 ＋ 動詞 。

我 还没吃。（まだ食べてないよ）
Wǒ　　hái méi chī
ウォ　ハイメイ ツ

『没』の前に「まだ」という意味の『还』をつけると強いニュアンスになります。

●疑問パターン●

文末に『吗』をつけるだけ！

主語 ＋ 已经 ＋ 動詞 ＋ 过了 ＋ 吗 ？

你 已经 吃过了 吗?（もう食べた？）
Nǐ　　yǐ jīng　　chī guo le　　ma
ニ　　イ ジン　　ツ グォ ラ　　マ

答え方　吃过 了。（食べたよ）
　　　　　还没。　（まだ食べてないよ）

（もう）〜しました／我＋已经＋動詞＋过了

応用パターンで言ってみよう!

我 还没做。
Wǒ hái méi zuò
ウォ ハイ メイ ズォ

まだやってないよ。

我 还没结婚。
Wǒ hái méi jié hūn
ウォ ハイ メイ ジェ フン

まだ結婚していないよ。

你 已经 试过了 吗?
Nǐ yǐ jīng shì guo le ma
ニ イ ジン ス グォ ラ マ

もう試したの？

你 已经 刷过牙 了 吗?
Nǐ yǐ jīng shuā guo yá le ma
ニ イ ジン スゥアグォヤー ラ マ

もう歯をみがいた？

10 〜できます①

我＋会＋動詞

基本フレーズ

我 会 开车。
Wǒ huì kāi chē
ウォ ホェ カイ ツェ

私は車を運転できます。

こんなときに使おう!
「運転できる？」と聞かれて…

「できる」（英語の can）を表す表現に、中国語では『会』『能』『可以』などがあります。

ここではまず『会』を紹介します。『会』は、練習を重ねて技能や技術を習得する「できる」です。

基本パターン

主語（我） ＋ 会 ＋ 動詞（开） 。

基本パターンで言ってみよう!

我 会弹 钢琴。
Wǒ　huì tán　gāng qín
ウォ　ホェ タン　ガン チン

私はピアノを弾くことができます。

ワンポイント　『钢琴』ピアノ

我 会游泳。
Wǒ　huì yóu yǒng
ウォ　ホェ ヨ ヨン

私は泳げます。

ワンポイント　『游泳』泳ぐ

我 会说 一点点 普通话。
Wǒ　huì shuō　yì diǎn diǎn　Pǔ tōng huà
ウォ　ホェ スゥォ　イ ディエンディエン　プ トン ホァ

私は標準語を少し話せます。

ワンポイント　『普通话』は北京語を基本にした中国の標準語です。

他 会说 上海话。
Tā　huì shuō　Shàng hǎi huà
タ　ホェ スゥォ　サン ハイ ホァ

彼は上海語ができます。

応 用

●否定パターン●

動詞の前に『不会』をつけるだけ！

主語 ＋ 不会 ＋ 動詞 。

我 不会 开车。（私は車を運転できません）
Wǒ　bú huì　　kāi chē
ウォ　ブ ホェ　　カイ ツェ

●疑問パターン●

1) 文末に『吗』をつけるだけ！

主語 ＋ 会 ＋ 動詞 ＋ 吗 ?

你 会 开车 吗? （車を運転できますか？）
Nǐ　huì　kāi chē　ma
ニ　ホェ　カイ ツェ　マ

2) 『会不会』を使う

主語 ＋ 会不会 ＋ 動詞 ?

你 会不会 开车? （車を運転できますか？）
Nǐ　huì bu huì　　kāi chē
ニ　ホェ ブ ホェ　　カイ ツェ

答え方　会。（できます）
　　　　不会。（できません）

~できます①／我＋会＋動詞

応用パターンで言ってみよう！

我 不会 唱歌。
Wǒ bú huì chàng gē
ウォ ブ ホェ ツァン ガ

私は歌えないよ。

我 不会 跳舞。
Wǒ bú huì tiào wǔ
ウォ ブ ホェ ティァゥ ウ

私は踊れないよ。

ワンポイント 『跳舞』踊る、ダンスする

我 不会 上网。
Wǒ bú huì shàng wǎng
ウォ ブ ホェ サン ウァン

私、インターネットができないの。

ワンポイント 『上网』インターネットをする

你 会用 电脑 吗?
Nǐ huì yòng diàn nǎo ma
ニ ホェ ヨン ディェン ナゥ マ

パソコンを使える？

ワンポイント 『用』使う、使用する 　『电脑』パソコン

你 会不会用 这个?
Nǐ huì bu huì yòng zhè ge
ニ ホェ ブ ホェ ヨン ゼ ガ

これを使える？

ワンポイント 『这个』これ

11 〜できます②

我＋能＋ 動詞

基本フレーズ ♪

她 晚上 能 来。
Tā　wǎn shang　néng lái
タ　ウァンサン　ナンライ

彼女は夜、来られるよ。

こんなときに使おう!
「彼女は来るのかな？」と聞かれて…

　能力や許可を表す「できる」（英語の can）は中国語では『会』『能』『可以』があります。

　ここでは『能』を紹介します。『能』は能力や条件が備わってできることです。

　『妹妹会走路了』と『我能走路了』は同じ「歩ける」ですが、前者は、ハイハイする赤ちゃんが学習して歩けるようになったこと。後者は、歩けていたのがなんらかの理由（たとえば事故など）で足をケガして歩けなくなって、足が治って再び歩けるようになったという場合です。

●**基本パターン**●

主語（她） ＋ 能 ＋ 動詞（来） 。

基本パターンで言ってみよう!

我 明天也 能 来。
Wǒ míng tiān yě néng lái
ウォ ミンティェンイェ ナンライ

明日も来られるよ。

ワンポイント　「明日もなんとか都合をつけて来るようにするよ」というニュアンス。

我 能喝酒 了。
Wǒ néng hē jiǔ le
ウォ ナンハジョ ラ

私、お酒を飲めるようになったよ。

ワンポイント　「なにかの理由でお酒を飲んではいけなかったのが、飲んでもよくなった」というニュアンス。

我 能跑完 马拉松。
Wǒ néng pǎo wán Mǎ lā sōng
ウォ ナンパウウァン マラソン

マラソンを完走できるよ。

ワンポイント　『跑完』完走する　『马拉松』マラソン

这里 能 上网。
Zhè li néng shàng wǎng
ゼリ ナンサンウァン

ここはインターネットができます。

ワンポイント　『这里』ここ

応　用

●否定パターン●

動詞の前に『不能』をつけるだけ！

主語 ＋ 不能 ＋ 動詞 。

她 晚上 不能 来。（彼女は夜、来られないよ）
Tā　wǎn shang　bù néng lái
タ　ウァンサン　ブ ナン ライ

●疑問パターン●

1) 文末に『吗』をつけるだけ！

主語 ＋ 能 ＋ 動詞 ＋ 吗 ？

她 晚上 能 来 吗?（彼女は夜、来られる？）
Tā　wǎn shang　néng lái　ma
タ　ウァンサン　ナン ライ　マ

2) 『能不能』を使う

主語 ＋ 能不能 ＋ 動詞 ？

她 晚上 能不能 来?（彼女は夜、来られる？）
Tā　wǎn shang　néng bù néng lái
タ　ウァンサン　ナン ブ ナン ライ

答え方　能。（来られるよ）
　　　　　不能。（来られないよ）

~できます②／我＋能＋動詞

応用パターンで言ってみよう!

这里 能抽烟 吗?
Zhè li néng chōu yān ma
ゼ リ　ナン ツォ イェン　マ

ここ、タバコを吸える？

ワンポイント 『抽烟』タバコを吸う

这里 不能抽烟。
Zhè li bù néng chōu yān
ゼ リ　ブ ナン ツォ イェン

ここはタバコを吸えないよ。

我 明天 有事不能来。
Wǒ míng tiān yǒu shì bù néng lái
ウォ ミンティェン ヨ ス ブ ナン ライ

明日、用事があるから来られないの。

ワンポイント 『有事』用事がある

车 能停这里 吗?
Chē néng tíng zhè li ma
ツェ ナン ティン ゼ リ マ

車、ここに止められる？

你 能喝酒 吗? お酒を飲めますか？
Nǐ néng hē jiǔ ma
ニ ナン ハ ジョ マ

ワンポイント 『会喝酒』は「体も受けつけるし、お酒を飲める」。『能喝酒』は「飲んでいい」というニュアンスがあります。たとえば、ドクターストップで飲んではいけないのにもかかわらず飲んでいる人に対して『你能喝酒吗？』を使います。

12 〜してもよい

可以＋動詞

基本フレーズ

你 可以 先 回家。
Nǐ kě yǐ xiān huí jiā
ニ カ イ シェン ホェ ジャ

先にうちに帰ってもいいよ。

こんなときに使おう!
もう用事が済んだ相手に…

『可以』は『能』と意味が似ています。「〜してもいい」の許可の『可以』です。

基本パターン

主語（你）＋ 可以 ＋ 動詞（回）。

基本パターンで言ってみよう!

我 可以 帮你。
Wǒ　kě yǐ　bāng nǐ
ウォ　カ イ　バン ニ

お力になれますよ。

> **ワンポイント**　『帮』力になる、手伝う

这里 可以 吸烟。
Zhè li　kě yǐ　xī yān
ゼ リ　カ イ　シー イェン

ここはタバコを吸ってもよい。

这 可以 试吃。
Zhè　kě yǐ　shì chī
ゼ　カ イ　ス ツ

これ、試食してもいいよ。

> **ワンポイント**　『试吃』試食

可以 试穿。
Kě yǐ　shì chuān
カ イ　ス ツゥァン

試着できるよ。

> **ワンポイント**　服の「着る」も、靴や靴下の「履く」も、中国語では『穿』です。

你 可以 搭我的车 一起去。
Nǐ　kě yǐ　dā wǒ de chē　yì qǐ qù
ニ　カ イ　ダ ウォ ダ ツェ　イ チ チュイ

私の車に乗せてあげてもいいよ。

> **ワンポイント**　『搭车』車に乗る

応 用

●否定パターン●

動詞の前に『不可以』をつけるだけ！

主語 + **不可以** + 動詞 。

你 **不可以** 先回家。（先にうちに帰ってはいけない）
Nǐ　bù kě yǐ　xiān huí jiā
ニ　ブ カ イ　シェン ホェ ジャ

●疑問パターン●

1）文末に『吗』をつけるだけ！

主語 + 可以 + 動詞 + **吗** ?

我 **可以** 先回家 **吗?** （先にうちに帰ってもいい？）
Wǒ　kě yǐ　xiān huí jiā　ma
ウォ　カ イ　シェン ホェ ジャ　マ

2）『可不可以』を使う

主語 + **可不可以** + 動詞 + **(呢)** ?

我 **可不可以** 先回家 **(呢)?** （先にうちに帰ってもいい？）
Wǒ　kě bù kě yǐ　xiān huí jiā　(ne)
ウォ　カ ブ カ イ　シェン ホェ ジャ　(ナ)

答え方　可以。（いいよ）
　　　　　不可以。（だめだよ）

~してもよい／可以＋動詞

応用パターンで言ってみよう!

这里 不可以 抽烟。
Zhè li　bù kě yǐ　chōu yān
ゼ リ　ブ カ イ　ツォ イェン

ここはタバコを吸ってはいけない。

我 可以见他 吗?
Wǒ　kě yǐ jiàn tā　ma
ウォ　カ イ ジェン タ　マ

彼に会えますか？

我 可以先走 吗?
Wǒ　kě yǐ xiān zǒu　ma
ウォ　カ イ シェン ゾウ　マ

先に帰ってもいい？

ワンポイント　『走』は「歩く」ですが、ここでは「この場から去る」。

我 可以 抽烟 吗?
Wǒ　kě yǐ　chōu yān　ma
ウォ　カ イ　ツォ イェン　マ

タバコを吸ってもいい？

这个 可以吃 吗?
Zhè ge　kě yǐ chī　ma
ゼ ガ　カ イ ツ　マ

これ、食べられる？

这个 可以借我用 一下 吗?
Zhè ge　kě yǐ jiè wǒ yòng　yí xià　ma
ゼ ガ　カ イ ジェ ウォ ヨン　イ シャ　マ

これ、ちょっと貸してもらってもいい？

13 〜したいです ①

我＋想＋動詞

基本フレーズ

我 想去看 电影。
Wǒ xiǎng qù kàn diàn yǐng
ウォ シャン チュィ カン ディエン イン

映画を観に行きたいです。

こんなときに使おう!
「何がしたい？」と聞かれて…

『主語＋想＋動詞』は、「主語が〜したい」という表現です。

「願望」を表す中国語には『想』（したい）、『要』（したい／ほしい）、そして、その二つの言葉を合わせた『想要』（しようと思う／したいと思う）があります。

ここでは『想』を主に紹介します。

基本パターン

主語（我） ＋ 想 ＋ 動詞（去看）

😊 基本パターンで言ってみよう！

我 想去 买东西。
Wǒ xiǎng qù mǎi dōng xi
ウォ シャン チュイ マイ ドン シ

買い物に行きたいな。

ワンポイント 『买东西』買い物をする

我 想买 这个。
Wǒ xiǎng mǎi zhè ge
ウォ シャン マイ ゼ ガ

これを買いたい。

我 想去 中国 留学。
Wǒ xiǎng qù Zhōng guó liú xué
ウォ シャン チュイ ゾン グォ リョ シュェ

中国に留学したい。

我 想见你。
Wǒ xiǎng jiàn nǐ
ウォ シャン ジェン ニ

君に会いたい。

ワンポイント 『见』見る、会う 『想见〜』〜に会いたい

我 想去 迪士尼乐园玩。
Wǒ xiǎng qù Dí shì ní lè yuán wán
ウォ シャン チュイ ディ ス ニ ラー ユェン ウァン

ディズニーランドに遊びに行きたい。

ワンポイント 『迪士尼』は「ディズニー」の音訳。『乐园』は「楽園」の略字で「〜ランド」。遊園地の名称によく使われます。

応 用

●否定パターン●

動詞の前に『不想』をつけるだけ！

主語 ＋ 不想 ＋ 動詞 。

我 不想去看 电影。（映画を観に行きたくないです）
Wǒ　bù xiǎng qù kàn　diàn yǐng
ウォ　ブ シャン チュィ カン　ディエン イン

●疑問パターン●

1) 文末に『吗』をつけるだけ！

主語 ＋ 想 ＋ 動詞 ＋ 吗 ?

你 想去看 电影 吗?　（映画を観に行きたいですか？）
Nǐ　xiǎng qù kàn　diàn yǐng　ma
ニ　シャン チュィ カン　ディエン イン　マ

2)『想不想』を使う

主語 ＋ 想不想 ＋ 動詞 ＋ （呢） ?

你 想不想去看 电影（呢）?
Nǐ　xiǎng bù xiǎng qù kàn　diàn yǐng　(ne)
ニ　シャン ブ シャン チュィ カン　ディエン イン　（ナ）

（映画を観に行きたいですか？）

答え方　想去。（行きたいです）
　　　　　不想去。（行きたくないです）

応用パターンで言ってみよう!

我 不想吃饭。
Wǒ bù xiǎng chī fàn
ウォ ブ シャン ツ ファン

ご飯を食べたくない。

我 不想这样 下去。
Wǒ bù xiǎng zhè yàng xià qù
ウォ ブ シャン ゼ ヤン シャ チュィ

このまま続けたくない。

ワンポイント 『这样』は「このように」。『下去』は継続していく様。

我 不想别人 知道。
Wǒ bù xiǎng bié rén zhī dào
ウォ ブ シャン ビェレン ズ ダウ

他の人に知られたくない。

你 想知道 吗?
Nǐ xiǎng zhī dào ma
ニ シャン ズ ダウ マ

知りたい?

你 想不想去 逛街?
Nǐ xiǎng bù xiǎng qù guàng jiē
ニ シャン ブ シャン チュィ グァン ジェ

街に行きたい?

你 想不想吃 冰激淋?
Nǐ xiǎng bù xiǎng chi bīng ji líng
ニ シャン ブ シャン ツ ビン ジ リン

アイス食べたい?

14 〜したいです②

我＋要＋動詞

基本フレーズ

我 要 吃饭。
Wǒ yào chī fàn
ウォ ヤウ ツ ファン

ご飯を食べたい。

こんなときに使おう!

「何をしたい？」と聞かれて…

『 主語 ＋要＋ 動詞 』は、「 主語 は〜したい」という表現です。

強い「意欲」「願望」を表します。英語で言うと「I want to 〜」。また、『 主語 ＋要＋ 名詞 』は、「 主語 は〜がほしい」を表します。英語で言うと「I want 〜」。

● 基本パターン ●

主語（我） ＋ 要 ＋ 動詞（吃） 。

主語（我） ＋ 要 ＋ 名詞（这个） 。

基本パターンで言ってみよう！

我 要买 新手机。
Wǒ yào mǎi xīn shǒu jī
ウォ ヤウマイ シンソウ ジ

新しい携帯を買いたいです。

我 要应征 工作。
Wǒ yào yìng zhēng gōng zuò
ウォ ヤウ イン ゼン ゴン ズゥォ

仕事に応募したいです。

ワンポイント 『应征』応募する

我 要退货。
Wǒ yào tuì huò
ウォ ヤウ ト ェ フォ

返品したいです。

ワンポイント 『退货』返品する

我 要 这个。
Wǒ yào zhè ge
ウォ ヤウ ゼ ガ

これがほしい。

我 要 A 套餐。
Wǒ yào A tào cān
ウォ ヤウ エイ タウ ツァン

A セットをください。

ワンポイント 『套餐』は「(食事の) セット」のこと。直訳すると「私は A セットがほしい」。

応 用

● 否定パターン ●

1)『不要＋動詞』

主語 ＋ 不要 ＋ 動詞 。

我 不要 吃饭。（ご飯を食べたくない）
Wǒ　bú yào　chī fàn
ウォ　ブ ヤウ　ツ ファン

ワンポイント　「ご飯は食べないけど、○○は食べたい」というニュアンスがあります。たとえば『我不要吃饭，我要吃面。』（ご飯は食べないけど、メンは食べたい）など。

2)『不要＋名詞』

主語 ＋ 不要 ＋ 名詞 。

我 不要 这个。（これ、いらない）
Wǒ　bú yào　zhè ge
ウォ　ブ ヤウ　ゼ ガ

● 疑問パターン ●

1) 文末に『吗』をつけるだけ！

主語 ＋ 要 ＋ 動詞 ＋ 吗 ？

你 要吃饭 吗?（ご飯を食べたい？）
Nǐ　yào chī fàn　ma
ニ　ヤウ ツ ファン　マ

～したいです②／我＋要＋動詞

2)『要不要』を使う

主語 ＋ 要不要 ＋ 動詞 ＋ （呢）？

你 要不要吃饭（呢)? （ご飯を食べたい？）
Nǐ　　yào bú yào chī fàn　　(ne)
ニ　　ヤウ ブ ヤウ ツ ファン　　（ナ）

答え方　要。(はい) ／ 好。(いいね)
　　　　　不要。(いいえ)

応用パターンで言ってみよう!

我 不要 开刀。
Wǒ　bú yào　kāi dāo
ウォ　ブ ヤウ　カイ ダオ

手術を受けたくない。

我 不要 报酬。
Wǒ　bú yào　bào chóu
ウォ　ブ ヤウ　バウ ツォ

報酬なんていらないよ。

你 要不要 换工作?
Nǐ　yào bú yào　huàn gōng zuò
ニ　ヤウ ブ ヤウ　ホァン ゴン ズゥォ

仕事を変えない？

你 要喝什么 呢?
Nǐ　yào hē shén me　ne
ニ　ヤウ ハ セン モ　ナ

何を飲む？

15 〜があります、〜を持っています

有〜

基本フレーズ

这附近 有 银行。
Zhè fù jìn　　yǒu　yín háng
ゼ フ ジン　　ヨ　イン ハン

この近くに銀行があります。

こんなときに使おう!
道で聞かれたときに…

　ここで紹介する「ある場所に〜がある」の『有』は存在の意味を表します。また、『有』は「〜を持っている」という所有の意味を表すこともできます。この場合は英語の「have」にあたります。

●基本パターン●

存在の『有』

　　　　場所 ＋ 有 ＋ 名詞 。

所有の『有』

　　　　人 ＋ 有 ＋ 名詞 。

基本パターンで言ってみよう!

那儿 有 间超市。
Nàr yǒu jiān chāo shì
ナル ヨ ジェン ツァウ ス

あそこにスーパーがあります。

ワンポイント 『间』は家屋の戸数を数える単位。
『超市』は『超级市场』の略で「スーパーマーケット」。

车站里 有 自动贩卖机。
Chē zhàn li yǒu zì dòng fàn mài jī
ツェ ザン リ ヨ ズ ドン ファン マイ ジ

駅に自動販売機がある。

这站 有 好几个 出口。
Zhè zhàn yǒu hǎo jǐ ge chū kǒu
ゼ ザン ヨ ハウ ジ ガ ツゥ コウ

この駅には出口がいくつもある。

ワンポイント 『站』は『车站』の略で「駅」。『好几个』は「いくつも」。

我 有 一个 梦想。
Wǒ yǒu yí ge mèng xiǎng
ウォ ヨ イ ガ モン シャン

夢があります。

我 有 个问题。
Wǒ yǒu ge wèn tí
ウォ ヨ ガ ウン ティ

質問があります。

ワンポイント 『问题』質問、問題

応 用

●否定パターン●

『有』の否定形は『没有』です。
『不有』とは絶対言わないので、注意してください。

場所・人 ＋ 没有 ＋ 名詞 。

这附近 没有 银行。（この近くに銀行はありません）
Zhè fù jìn　méi yǒu　yín háng
ゼ フ ジン　メイ ヨ　イン ハン

我 没有 钱。（お金を持っていません）
Wǒ　méi yǒu　qián
ウォ　メイ ヨ　チェン

●疑問パターン●

1）文末に『吗』をつけるだけ！

場所・人 ＋ 有 ＋ 名詞 ＋ 吗 ？

这附近 有 银行 吗?（この近くに銀行はありますか？）
Zhè fù jìn　yǒu　yín háng　ma
ゼ フ ジン　ヨ　イン ハン　マ

2）『有没有』を使う

場所・人 ＋ 有没有 ＋ 名詞 ＋ （呢） ？

你 有没有 钱（呢)?（お金を持っていますか？）
Nǐ　yǒu méi yǒu　qián　(ne)
ニ　ヨ メイ ヨ　チェン　(ナ)

〜があります、〜を持っています／有〜

答え方 有。（あります／持っています）
没有。（ありません／持っていません）

応用パターンで言ってみよう！

我 没有 驾照。
Wǒ　méi yǒu　jià zhào
ウォ　メイ ヨ　ジャ ザウ

車の免許を持っていません。

ワンポイント 『驾照』車の免許

你 今晚 有没有 空?
Nǐ　jīn wǎn　yǒu méi yǒu　kòng
ニ　ジン ヴァン　ヨ メイ ヨ　コン

今夜、空いてる？

我 今晚 没有 安排。
Wǒ　jīn wǎn　méi yǒu　ān pái
ウォ　ジン ヴァン　メイ ヨ　アン パイ

今夜は特に予定はない。

这附近 有 加油站 吗?
Zhè fù jìn　yǒu　jiā yóu zhàn　ma
ゼ フ ジン　ヨ　ジャ ヨ ザン　マ

この近くにガソリンスタンドはありますか？

你心里 有没有 我?
Nǐ xīn li　yǒu méi yǒu　wǒ
ニ シン リ　ヨ メイ ヨ　ウォ

あなたの心に私がいる？

ワンポイント 「私のことを思ってくれている？」というニュアンス。

16 ～にいます、～にあります
在～

基本フレーズ

我 现在 在 公司。
Wǒ xiàn zài zài gōng sī
ウォ シェン ザイ ザイ ゴン ス

今、会社にいます。

こんなときに使おう!
「今どこにいるの？」と聞かれて…

ここでは「～にいる／ある」という『在』を紹介します。

基本パターン

存在の『在』

主語 ＋ 在 ＋ 場所 。

基本パターンで言ってみよう!

我 下周 在 北京。
Wǒ xià zhōu zài Běi jīng
ウォ シャゾウ ザイ ベイ ジン

私は来週、北京にいます。

ワンポイント 『下周』来週

我 爸爸 在家。
Wǒ bà ba zài jiā
ウォ バ バ ザイジャ

私の父は自宅にいます。

医院 就在 邮局 旁边。
Yī yuàn jiù zài yóu jú páng biān
イ ユェン ジョザイ ヨ ジュィ パン ビェン

病院は郵便局の隣にあります。

ワンポイント 『旁边』そば、隣

吃的东西都在 冰箱里啊。
Chī de dōng xi dōu zài bīng xiāng li a
ツ ダ ドン シ ドウザイ ビン シャン リ ア

食べ物は全部、冷蔵庫の中にあるからね。

ワンポイント 『吃的东西』食べ物 　　『冰箱』冷蔵庫

大家 都在。
Dà jiā dōu zài
ダ ジャ ドウ ザイ

みんないるよ。

我父母 都在。
Wǒ fù mǔ dōu zài
ウォ フ ム ドウ ザイ

両親とも健在です。

ワンポイント 直訳すると「両親ともいる」＝「両親とも健在です」。

応　用

●否定パターン●

『在』の前に『不』をつけるだけ！

名詞 ＋ 不在 ＋ 場所 。

我 現在 不在 公司。（今、会社にいません）
Wǒ　xiàn zài　bú zài　gōng sī
ウォ　シェン ザイ　ブ ザイ　ゴン ス

●疑問パターン●

1）文末に『吗』をつけるだけ！

名詞 ＋ 在 ＋ 場所 ＋ 吗 ?

你 現在 在 公司 吗?　（今、会社にいますか？）
Nǐ　xiàn zài　zài　gōng sī　ma
ニ　シェン ザイ　ザイ　ゴン ス　マ

2）『在不在』を使う

名詞 ＋ 在不在 ＋ 場所 ＋ (呢) ?

你 現在 在不在 公司 (呢)?　（今、会社にいますか？）
Nǐ　xiàn zài　zài bu zài　gōng sī　(ne)
ニ　シェン ザイ　ザイ ブ ザイ　ゴン ス　(ナ)

答え方　在。（います）
　　　　　不在。（いません）

~にいます、～にあります／在～

応用パターンで言ってみよう!

我 下周 就不在 广州 了。
Wǒ xià zhōu jiù bú zài Guǎng zhōu le
ウォ シャゾウ ジョブ ザイ グァンゾウ ラ

来週はもう広州にいないよ。

小张 现在 不在 办公室。
Xiǎo Zhāng xiàn zài bú zài bàn gōng shì
シャウ ザン シェン ザイ ブ ザイ バンゴン ス

張さんは今、席にいません（＝席をはずしています）。

请问 小林 在不在?
Qǐng wèn Xiǎo Lín zài bu zài
チン ウン シャウ リン ザイ ブ ザイ

すみません、林さんはいますか？

负责人 在 吗?
Fù zé rén zài ma
フ ゼ レン ザイ マ

責任者はいますか？

有人 在 吗?
Yǒu rén zài ma
ヨ レン ザイ マ

だれかいますか？

ワンポイント　「ごめんください」の決まり文句です。

你 在 哪?
Nǐ zài nǎ
ニ ザイ ナ

どこにいるの？

17 〜は誰？
〜是谁？

基本フレーズ

她 是 谁?
Tā shì shuí
タ ス スェ

彼女は誰？

こんなときに使おう!
ある女性を初めて見たときに…

『〜是谁？』は「〜は誰ですか？」という表現です。『〜是谁？』と聞かれたら、『他／她／他们／她们』などを主語にして、『 人 +是+〜』と答えます。

※『谁』は、口語では「shéi」と発音する人もいます。

基本パターン

主語 ＋ 是谁 ？

基本パターンで言ってみよう!

你的 中文 老师 是 谁?
Nǐ de　Zhōng wén　lǎo shī　shì　shuí
ニ ダ　ゾン ウン　ラウ ス　ス　スェ

あなたの中国語の先生は誰ですか？

ワンポイント 『老师』は「先生」。ちなみに中国語の『〜先生』は、男性の「〜さん」という意味。

现在 在唱歌的 是 谁?
Xiàn zài　zài chàng gē de　shì　shuí
シェン ザイ　ザイ ツァン ガ ダ　ス　スェ

今、歌を歌っているのは誰？

ワンポイント 『在』〜している　『唱歌』歌を歌う

你们 负责人 是 谁?
Nǐ men　fù zé rén　shì　shuí
ニ メン　フ ゼ レン　ス　スェ

責任者は誰？

下一位 是 谁?
Xià yí wèi　shì　shuí
シャ イ ウェ　ス　スェ

次の方は誰ですか？

ワンポイント 『下一位』次の方

这东西 是 谁的?
Zhè dōng xi　shì　shuí de
ゼ ドン シ　ス　スェ ダ

これは誰のものですか？

ワンポイント 『东西』もの

応用

● 応用パターン ●

誰が〜？

是谁 ＋ 動詞 ？

是谁 在唱歌? 誰が歌っているの？
Shì shuí zài chàng gē
ス スェ ザイ ツァン ガ

答え方 是小林。（林(リン)さんが歌っているよ）

応用パターンで言ってみよう!

是谁 弄坏的?
Shì shuí nòng huài de
ス スェ ノン ホァイ ダ

誰が壊したんだ？

ワンポイント 『弄坏』壊す 『坏』壊す、壊れる

是谁 规定的?
Shì shuí guī dìng de
ス スェ グェ ディン ダ

誰が決めたの？

ワンポイント 『規定』決める、定める

〜は誰？／〜是谁？

到底 是 谁 干的?
Dào dǐ shì shuí gàn de
ダウディ ス スェ ガンダ

いったい誰がやったんだ？

ワンポイント 『到底』いったい　『干』やる、する

是 谁 在说谎?
Shì shuí zài shuō huǎng
ス スェ ザイ スゥォ ファン

誰がうそをついている？

你找 谁?
Nǐ zhǎo shuí
ニ ザウ スェ

誰をお訪ねですか？

ワンポイント 『找』訪ねる

Ⅰ これだけは!! 絶対覚えたい重要パターン21

18 〜はいつ？ / 〜什么时候?

基本フレーズ

你生日 是 什么时候?
Nǐ shēng rì　shì　shén me shí hou
ニ センリ　ス　センモ スホウ

君の誕生日はいつ？

こんなときに使おう！
誕生日を聞きたいときに…

『〜什么时候？』は「〜はいつですか？」という表現です。
答えるときは『〜月〜日』や『明天』などのように答えます。

基本パターン

主語 ＋ 是 ＋ 什么时候 ？

主語 ＋ 什么时候 ＋ 動詞 ？

基本パターンで言ってみよう！

你 是 什么时候 来 中国的?
Nǐ shì shén me shí hou lái Zhōng guó de
ニ ス センモ スホウ ライ ジォングォ ダ

いつ中国に来たのですか？

那 是 什么时候的事?
Nà shì shén me shí hou de shì
ナ ス センモ スホウ ダ ス

あれはいつのこと？

下班车 是 什么时候?
Xià bān chē shì shén me shí hou
シャ バン ツェ ス センモ スホウ

次の便はいつ？

ワンポイント 『下班车』次のバス、次の電車

你 什么时候 休息?
Nǐ shén me shí hou xiū xi
ニ センモ スホウ ショシ

いつ休みですか？

你 什么时候 结婚?
Nǐ shén me shí hou jié hūn
ニ センモ スホウ ジェフン

いつ結婚するの？

你 什么时候 开学?
Nǐ shén me shí hou kāi xué
ニ センモ スホウ カイシュェ

君、学校はいつ始まるの？

応 用

● 応用パターン ●

『什么时候』（いつ）を文頭に持ってくることもできます。

什么时候 + 動詞 ?

什么时候 可以 好? （いつできる？）
Shén me shí hou　kě yǐ　hǎo
セン モ ス ホウ　カ イ　ハウ

答え方　明天。（明日）

后天。（あさって）

还得两, 三天。（2、3日かかるよ）

応用パターンで言ってみよう!

什么时候 截稿?
Shén me shí hou　jié gǎo
セン モ ス ホウ　ジェガウ

原稿の締切はいつ？

ワンポイント　『稿』は『原稿』の略。『截稿是什么时候?』とも言えます。

什么时候 去 中国旅遊 好?
Shén me shí hou　qù　Zhōng guó lǚ yóu　hǎo
セン モ ス ホウ　チュイ　ゾン グォ ルィ ヨ　ハウ

中国に遊びに行くのはいつが一番いい？

ワンポイント　『旅遊』観光旅行

~はいつ？／~什么时候?

什么时候 才会 加薪?
Shén me shí hou　cái huì　jiā xīn
セン モ ス ホウ　ツァイ ホェ　ジャ シン

お給料はいつ上がるの？

ワンポイント　『加薪』は「給料が上がる」。『薪』は『薪水』の略で「給料」。

什么时候 开完会?
Shén me shí hou　kāi wán huì
セン モ ス ホウ　カイ ヴァン ホェ

会議はいつ終わるの？

ワンポイント　『开会』ミーティングをする
　　　　　　　　『开完会』ミーティングが終わる

什么时候 可以 回家?
Shén me shí hou　kě yǐ　huí jiā
セン モ ス ホウ　カ イ　ホェ ジャ

いつ帰れるの？

ワンポイント　『可以~』~できる　　『回家』うちに帰る

什么时候 结束?
Shén me shí hou　jié shù
セン モ ス ホウ　ジェ スゥ

いつ終わるの？

什么时候 搬家?
Shén me shí hou　bān jiā
セン モ ス ホウ　バン ジャ

いつ引っ越すの？

ワンポイント　『搬家』引っ越す

Ⅰ これだけは!! 絶対覚えたい重要パターン21

⚠ これも知っておこう!

【月】

1月	一月	(yí yuè　イーユェ)		7月	七月	(qī yuè　チユェ)
2月	二月	(èr yuè　アルユェ)		8月	八月	(bā yuè　バユェ)
3月	三月	(sān yuè　サンユェ)		9月	九月	(jiǔ yuè　ジョユェ)
4月	四月	(sì yuè　スユェ)		10月	十月	(shí yuè　スユェ)
5月	五月	(wǔ yuè　ウユェ)		11月	十一月	(shí yī yuè　スイユェ)
6月	六月	(liù yuè　リョユェ)		12月	十二月	(shí èr yuè　スアルユェ)

【日にち】

1日	一日	(yí rì　イーズ)		6日	六日	(liù rì　リョズ)
2日	二日	(èr rì　アルズ)		7日	七日	(qī rì　チズ)
3日	三日	(sān rì　サンズ)		8日	八日	(bā rì　バズ)
4日	四日	(sì rì　スズ)		9日	九日	(jiǔ rì　ジョズ)
5日	五日	(wǔ rì　ウズ)		10日	十日	(shí rì　スズ)

注：日付を言うとき、「日」(rì) の代わりに、口語では「号」(hào) を使うこともできます。

【曜日】

月曜日	星期一	(xīng qī yī　シンチイー)
火曜日	星期二	(xīng qī èr　シンチアル)
水曜日	星期三	(xīng qī sān　シンチサン)
木曜日	星期四	(xīng qī sì　シンチス)

~はいつ？／~什么时候?

金曜日	星期五	(xīng qī wǔ　シンチウ)
土曜日	星期六	(xīng qī liù　シンチリョ)
日曜日	星期日	(xīng qī rì　シンチズ)
	星期天	(xīng qī tiān　シンチティェン)

【その他】

おととい	前天	(qián tiān　チェンティェン)
昨日	昨天	(zuó tiān　ズォティェン)
今日	今天	(jīn tiān　ジンティェン)
明日	明天	(míng tiān　ミンティェン)
あさって	后天	(hòu tiān　ホウティェン)
何日？	几天？	(jǐ tiān　ジティェン)
先週	上星期	(shàng xīng qī　サンシンチ)
今週	这星期	(zhè xīng qī　ゼシンチ)
来週	下星期	(xià xīng qī　シンチ)
何週間	几星期？	(jǐ xīng qī　ジシンチ)
先月	上个月	(shàng ge yuè　サンガユェ)
今月	这个月	(zhè ge yuè　ゼガユェ)
来月	下个月	(xià ge yuè　シャガユェ)
何ヶ月間	几个月？	(jǐ ge yuè　ジガユェ)
今年	今年	(jīn nián　ジンニェン)
来年	明年	(míng nián　ミンニェン)
去年	去年	(qù nián　チュイニェン)
何年間	几年？	(jǐ nián　ジニェン)

19 ～はどこ？

～在哪里?

基本フレーズ

厕所 在哪里?
Cè suǒ　zài nǎ li
ツェスゥォ　ザイ ナ リ

トイレはどこですか？

こんなときに使おう！
場所を聞きたいときに…

ここでは『～在哪里?』（～はどこですか？　～どこにありますか？）という表現を紹介します。『～在哪里?』と聞かれたら、『在二楼。』（2階にあります）や『直走就有。』（まっすぐ行けばあります）などのように答えます。

基本パターン

名詞 ＋ 在哪里 ?

基本パターンで言ってみよう！

公车站 在哪里?
Gōng chē zhàn　zài nǎ li
ゴン ツェ ザン　ザイ ナ リ

バス停はどこですか？

ワンポイント　『站』は「ステーション」。『车站』は「駅」。

你们 学校 在哪里?
Nǐ men　xué xiào　zài nǎ li
ニ メン　シュェシャゥ　ザイ ナ リ

あなたたちの学校はどこですか？

你们 公司 在哪里?
Nǐ men　gōng sī　zài nǎ li
ニ メン　ゴン ス　ザイ ナ リ

御社はどこにありますか？

ワンポイント 『公司』会社

百货公司 在哪里?
Bǎi huò gōng sī　zài nǎ li
バイ フォ ゴン ス　ザイ ナ リ

デパートはどこにありますか？

ワンポイント 『百货公司』デパート

我的 座位 在哪里?
Wǒ de　zuò wèi　zài nǎ li
ウォ ダ　ズゥォ ウェイ　ザイ ナ リ

私の席はどこですか？〔飛行機や映画館などで〕

ワンポイント 『座位』座席

我们 现在 在哪里?
Wǒ men　xiàn zài　zài nǎ li
ウォ メン　シェン ザイ　ザイ ナ リ

私たちは今どこですか？〔街で場所を聞く〕

応 用

●応用パターン1●

どこで（に）〜しますか？

主語 ＋ 動詞 ＋ **在哪里** ？

我们 约 在哪里 见？
Wǒ men　yuē　　zài nǎ li　　jiàn
ウォメン　ユェ　ザイ ナ リ　ジェン

（どこで待ち合わせしましょうか？）

答え方　在 车站 前。（駅の前で〔会いましょう〕）

●応用パターン2●

『哪里』（どこ）を使う

主語 ＋ 是 ＋ **哪里** ＋ 名詞 ？

你 是 哪里人？ （どこの出身ですか？）
Nǐ　shì　　nǎ li ren
ニ　ス　　ナ リ レン

答え方　我是 大阪人。（大阪の出身です）

~はどこ？／～在哪里？

😊 応用パターンで言ってみよう！

你 住 在哪里？
Nǐ zhù zài nǎ li
ニ ズゥ ザイ ナ リ

どこに住んでいますか？

你 上 哪里去？
Nǐ shàng nǎ li qù
ニ サン ナ リ チュィ

どこに行くの？

ワンポイント 『上』は動詞として「～へ行く」という意味があります。

我们 到 哪里 了？
Wǒ men dào nǎ li le
ウォメン ダウ ナ リ ラ

私たちはどこまで来てる？

〔車や電車に乗っていて、どこまで来たかわからないとき〕

你 哪里 不舒服？
Nǐ nǎ li bù shū fu
ニ ナ リ ブ スゥ フ

どこが悪いの？

〔相手の体調が良くないとき〕

ワンポイント 『舒服』気持ちいい、心地がいい

这 哪里 有卖？
Zhè nǎ li yǒu mài
ゼ ナ リ ヨ マイ

これ、どこで売っているの？

ワンポイント 『卖』売る

20 どうして～？

为什么～?

基本フレーズ

你 为什么 这 麼想?
Nǐ　wèi shén me　zhè　me xiǎng
ニ　ウェセンモ　ゼ　モ シャン

なぜそう思うの？

こんなときに使おう！
相手の考えの根拠を聞きたいときに…

『主語+为什么+動詞?』は「主語はどうして～するのですか？」「主語はなぜ～するのですか？」と理由を尋ねる表現です。『为什么?』（どうして？ なぜ？）だけでもよく使います。

『为什么?』と聞かれたら、『因为～』（英語で言うと「Because ～」）で答えます。

基本パターン

主語 ＋ 为什么 ＋ 動詞 ?

基本パターンで言ってみよう!

你 为什么 那么 早睡?
Nǐ　wèi shén me　nà me　zǎo shuì
ニ　ウェセン モ　ナ モ　ザウ スェ

どうしてそんなに早く寝るの?

ワンポイント　『那么』そんなに　　『早睡』早寝する

答え方　因为 我 明天 得 早起。

　　　　　明日、早起きしなきゃならないからだよ。

ワンポイント　『得〜』〜しなければならない

你 为什么 没去 上班?
Nǐ　wèi shén me　méi qù　shàng bān
ニ　ウェセン モ　メイ チュイ　サン バン

どうして会社を休んでいるの?

ワンポイント　『没＋ 動詞 』は「〜していない」

答え方　因为 我 不舒服。

　　　　　気分が悪いからだよ。

応 用

●応用パターン1●

「どうして」「なぜ」を聞くのに、『怎么』もよく使います。使い方は『为什么』と一緒です。

主語 ＋ 怎么 ＋ 動詞・形容詞 ？

你 怎么 来 了？ （どうして来たの？）
Nǐ zěn me lái le
ニ ゼン モ ライ ラ

答え方 因为 我 感兴趣。（興味があるから）

●応用パターン2●

『为什么』『怎么』は動詞、形容詞の否定形にも使えます。言葉を裏返しにして聞き返し、意味を強めるときにもよく使います。

主語 ＋ 为什么/怎么 ＋ 不/没 ＋ 動詞・形容詞 ？

你 为什么 不去？ （どうして行かないの？）
Nǐ wèi shén me bú qù
ニ ウェセン モ ブ チュィ

你 怎么 没去？ （どうして行ってないの〔行かなかったの〕？）
Nǐ zěn me méi qù
ニ ゼン モ メイ チュィ

答え方 因为 我有别的事。（ちょっと用事ができたから）

どうして〜？／为什么〜？

😀 応用パターンで言ってみよう！

怎么 还不 开始?
Zěn me　hái bù　　kāi shǐ
ゼン モ　ハイ ブ　　カイ ス

どうしてまだ始まらないの？

> **ワンポイント**　『开始』始まる、開始する

今天 怎么 这么冷?
Jīn tiān　zěn me　zhè me lěng
ジン ティエン　ゼン モ　ゼ モ レン

今日はどうしてこんなに寒いの？

> **ワンポイント**　『冷』は「寒い」。ちなみに、日本語の「(飲み物が) 冷たい」は中国語では『凉』と言います。

你 为什么 不吃饭?
Nǐ　wèi shén me　　bù chī fàn
ニ　ウェ セン モ　　ブ ツ ファン

どうしてご飯を食べないの？

> **ワンポイント**　『吃饭』ご飯を食べる

你 为什么 还在 这里?
Nǐ　wèi shén me　　hái zài　　zhè li
ニ　ウェ セン モ　　ハイ ザイ　　ゼ リ

どうしてまだここにいるの？

> **ワンポイント**　『还』は、「hái」と発音するときは「まだ」という意。「huán」と発音すると「返す」「返却する」という意。

21 ～はどう？

～怎么样?

基本フレーズ

新公司 怎么样?
Xīn gōng sī　zěn me yàng
シン ゴン ス　ゼン モ ヤン

新しい会社はどう？

こんなときに使おう！
転職したばかりの相手に…

『 主語 +怎么样?』は「～はどうですか？」「～はいかがですか？」という表現です。『怎么样?』（どう？）だけでもよく使います。

『怎么样?』と意見を求められたら、『很好』（いい）、『不错』（悪くない）、『还可以』（まあまあ）、『不好』（よくない）などいろいろ答え方があります。

●基本パターン●

主語 ＋ 怎么样 ?

基本パターンで言ってみよう!

你 最近 怎么样?
Nǐ zuì jìn zěn me yàng
ニ ズェジン ゼンモヤン

最近どう?

答え方 最近 很忙。
最近は忙しいね。

ワンポイント 『很』は本来「とても」「大変」ですが、ここでは形容詞の『忙』を修飾します。

那个 老师 教得 怎么样?
Nà ge lǎo shī jiāo de zěn me yàng
ナガ ラウス ジャウダ ゼンモヤン

あの先生の教え方はどう?

答え方 听说 还不错。
悪くないそうよ。

ワンポイント 『听说』は伝聞の「～だそうだ」。

他的 中文 怎么样?
Tā de Zhōng wén zěn me yàng
タダ ゾンウン ゼンモヤン

彼の中国語はどう?

答え方 好像 说得不差。
まあまあしゃべれるみたいよ。

ワンポイント 『好像』～らしい

応 用

●応用パターン1●

「どう？」「いかが？」と聞くのに、『如何』もよく使います。使い方は『怎么样』と一緒です。

主語 ＋ 如何 ?

你的 意见 如何？ （君の意見はどう？）
Nǐ de　yì jiàn　rú hé
ニ ダ　イジェン　ル ハ

答え方　很好。（良い〔と思う〕）
　　　　不好。（良くない〔と思う〕）

●応用パターン2●

『怎么样』が短くなった『怎样』も使えます。

主語 ＋ 怎样 ?

你 准备得 怎样？ （準備はどう？）
Nǐ　zhǔn bèi de　zěn yàng
ニ　ズゥンベイ ダ　ゼンヤン

答え方　我 准备好了。（準備できたよ）
　　　　还没。（まだだよ）

~はどう？／～怎么样?

😊 応用パターンで言ってみよう！

你 今後 打算 怎样?
Nǐ　jīn hòu　dǎ suàn　zěn yàng
ニ　ジン ホウ　ダ スァン　ゼン ヤン

今後どうするつもり？

答え方 我 没打算。
　　　　何も考えてない。

ワンポイント 直訳は「どうするつもりもない」。

你 现在 感觉 如何?
Nǐ　xiàn zài　gǎn jué　rú hé
ニ　シェン ザイ　ガン ジュエ　ル ハ

今、調子はいかがですか？

ワンポイント 相手の具合を聞くときに使う決まり文句です。

你 现在 感觉 怎样?
Nǐ　xiàn zài　gǎn jué　zěn yàng
ニ　シェン ザイ　ガン ジュエ　ゼン ヤン

今、調子はどうですか？

答え方 我 感觉 好多 了。
　　　　だいぶ良くなりました。
　　　　我 感觉 还是 不舒服。
　　　　まだ良くない感じです。

さらに応用

●いくらですか？

多少钱?
Duō shao qián
ドゥォ サウ チェン

いくらですか？

> **答え方** 百块。
> 100元です。

●何人ですか？

你们公司 有 多少人?
Nǐ men gōng sī　yǒu　duō shao rén
ニ メンゴン ス　ヨ　ドゥォ サウレン

御社の社員は何人ですか？

> **答え方** 八十人。
> 80人です。

●何歳ですか？

你多大?
Nǐ duō dà
ニ ドゥォ ダ

あなたは何歳ですか？

> **答え方** 三十岁。
> 30歳です。

~はどう？／～怎么样?

● どれくらいですか？

到车站 有多远?
Dào chē zhàn　yǒu duō yuǎn
ダオ ツェザン　ヨ ドゥォ ユェン

駅までどれくらいありますか？〔距離〕

> 答え方　一公里。
> 　　　　１キロです。

到车站 得走 多长时间?
Dào chē zhàn　děi zǒu　duō cháng shí jiān
ダオ ツェザン　ダ ゾウ　ドゥォ チャン シー ジェン

駅まで歩いて、どれくらいかかりますか？〔時間〕

> 答え方　三十分钟。
> 　　　　30分です。

● 何人いますか？

有几位?
Yǒu jǐ wèi
ヨ ジ ウェイ

何名様ですか？

> 答え方　四个人。
> 　　　　4名です。

有几个人?
Yǒu jǐ ge rén
ヨ ジ ゴ レン

何人いますか？

> 答え方　六个人。
> 　　　　6人います。

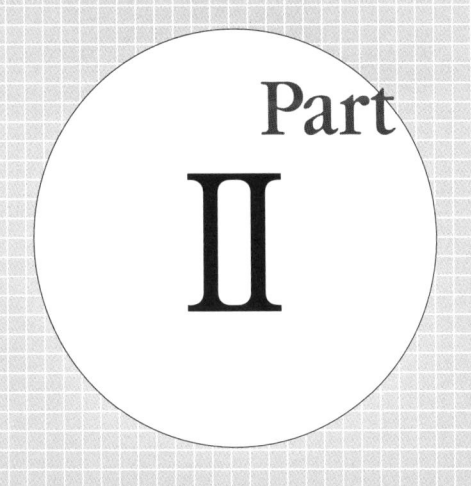

I

使える!
頻出パターン 51

Part
II

22　～は（どう）？ / ～呢？

基本フレーズ

日本菜 呢?
Rì běn cài　ne
リ　ベン ツァイ　ナ

日本料理は（どう）？

こんなときに使おう！

何を食べるか決めるときに…

　『～呢？』は名詞の後ろに置くと「～はどう？」、つまり『～怎么样？』という意になります。答えるときは、『可以啊』（大丈夫だよ）、『不行』（ダメだよ）などの言い方があります。

● 基本パターン ●

主語 ＋ 呢 ？

〜は（どう）？／〜呢?

😊 基本パターンで言ってみよう！

下星期 呢?
Xià xīng qī　ne
シャ シン チ　ナ

来週は（どう）？

你 呢?
Nǐ　ne
ニ　ナ

あなたは？

明天 下午两点 呢?
Míng tiān　xià wǔ liǎng diǎn　ne
ミン ティエン　シャ ウ リャン ディエン　ナ

明日の午後2時は？

ワンポイント 「2時」は『二点』と言わず、『両点』と言います。

23 〜してみて

〜看

基本フレーズ

吃口试试看。
Chī kǒu shì shì kan
ツ コウ ス ス カン

ひとくち食べてみてよ。

こんなときに使おう!
食べたことのない料理を相手にすすめるときに…

『〜看』は「〜してみて」と相手を誘うときなどに使います。『〜看』と言われたら、『好吧』(わかった)、『不要』(いやだ) などと答えます。

語尾に「吧」をつけて言うこともできます。

※下記の「基本パターン」の「〜」の部分には、表現によっていろいろな品詞が来ますので、「〜」の表記にしています。(以降、同様です)

基本パターン

〜 動詞 ＋ 看 。

〜 動詞 ＋ 看吧 。

~してみて／~看

基本パターンで言ってみよう!

试穿看看。
Shì chuān kàn kan
ス ツゥァン カンカン

試着してみて。

ワンポイント　「着る」も「履く」も中国語では『穿』。
「服を着る」は『穿衣服』。「靴を履く」は『穿鞋子』です。

先试试看（吧）。
Xiān shì shì kan　(ba)
シェン ス ス カン　（バ）

とりあえず使ってみてよ。

这张 CD 借我听听看。
Zhè zhāng CD　jiè wǒ tīng tīng kan
ゼ ザン シーティー ジェ ウォ ティン ティン カン

この CD、聴かせてみてよ。

ワンポイント　『听』聴く

这药 你 先拿去吃吃看。
Zhè yào　nǐ　xiān ná qù chī chī kan
ゼ ヤウ ニ シェン ナ チュイ ツ ツ カン

この薬、とりあえず飲んでみてください。

ワンポイント　『药』は「薬」。「薬を飲む」は中国語では『吃药』で、薬は「食べる」ものなのです。

24 〜しよう

〜吧

基本フレーズ

走吧。
Zǒu ba
ゾウ バ
行こう。

こんなときに使おう!
どこかへ行こうと相手を誘うときに…

『〜吧』は「〜しよう」、英語で言うと「Let's〜」という一方的なニュアンスがあります。相手の気持ちを慮りながら誘いたいときには『要不要〜』(パターン14)を使いましょう。

また、頭に『咱们(zán men)』をつけて『咱们〜吧』と表現することもできます。

『咱们』は、話し手と聞き手の両方を含む「私たち」。話し言葉では『们』が脱落して『咱』となることも多いです。中国の北に行くほど耳にすることが多くなります。

基本パターン

動詞 + 吧 。

咱们 + 動詞 + 吧 。

~しよう／~吧

基本パターンで言ってみよう！

走！ 去看 电影 吧。
Zǒu　　Qù kàn　diàn yǐng　ba
ゾウ　　チュイ カン　ディエン イン　バ

さあ、映画を見に行こうよ。

ワンポイント 『走』は「走る」ではなく「歩く」「行く」。
『走,~吧』は「さあ、~しよう」と強く誘う意を表します。

去唱 卡拉OK 吧。
Qù chàng　kǎ lā OK　ba
チュイ ツァン　カ ラ オケ　バ

カラオケを歌いに行こうよ。

就 约车站前 见面 吧。
Jiù　yuē chē zhàn qián　jiàn miàn　ba
ジョ　ユェ ツェ ザン チェン　ジェン ミェン　バ

駅前で会おうよ。

回家 吧。
Huí jiā　ba
ホェ ジャ　バ

うちに帰ろう。

咱 一起 吃吧。
Zán　yì qǐ　chī ba
ザン　イ チ　ツ バ

一緒に食べようよ。

25 〜だと思う①

我＋觉得〜

基本フレーズ♪

我 觉得 很便宜。
Wǒ　jué de　hěn pián yi
ウォ　ジュェ ダ　ヘン ピェン イ

安いと思うよ。

こんなときに使おう!
品物の値段について聞かれたときに…

『主語＋觉得〜』は「主語は〜だと思う」という表現。五感で感じたことについて、感覚的な判断で自分の意見を言うときに使います。

基本パターン

主語 ＋ 觉得 ＋ 文章 。

基本パターンで言ってみよう!

我 觉得 很好啊。
Wǒ　jué de　hěn hǎo a
ウォ　ジュェ ダ　ヘン ハウ ア

いいと思うよ。

ワンポイント　『很好』は「いい」。ここの『很』は形容詞を修飾する副詞として使われています。

~だと思う①／我＋觉得~

你 觉得 呢?
Nǐ jué de ne
ニ ジュエ ダ ナ

どう思う？

ワンポイント 相手の意見を聞くときによく使う表現。

我 觉得 他说谎。
Wǒ jué de tā shuō huǎng
ウォ ジュエ ダ タ スゥオ ホァン

彼がウソをついていると思う。

ワンポイント 『说谎』ウソをつく

我 觉得 今天 很冷。
Wǒ jué de jīn tiān hěn lěng
ウォ ジュエ ダ ジン ティエン ヘン レン

今日は寒いと思う。

我 不觉得。
Wǒ bù jué de
ウォ ブ ジュエ ダ

そう思わないよ。

你 不觉得 吗?
Nǐ bù jué de ma
ニ ブ ジュエ ダ マ

そう思わないの？

26 〜だと思う②

我＋想〜

基本フレーズ

我想 你说得对。
Wǒ xiǎng nǐ shuō de duì
ウォシャン ニ スゥォ ダ ドェ

君が正しいと思う。

こんなときに使おう！
意見を求められたときに…

『主語＋想〜』は「主語は〜だと思う」という表現。自分の意見を言うときに使いますが、頭で考えて推測、予想するときに使います。

ちなみに否定の『不』をつけると『不想〜』は「〜と思わない」ではなく「〜したくない」という意味になります。

基本パターン

主語 ＋ 想 ＋ 文章 。

～だと思う②／我＋想～

😊 基本パターンで言ってみよう！

我想 你 可以。
Wǒ xiǎng　nǐ　kě yǐ
ウォ シャン　ニ　カ イ

君はできると思うよ。

ワンポイント 『想』のかわりに『覚得』も使えます。

我想 他 一定 会来的。
Wǒ xiǎng　tā　yí dìng　huì lái de
ウォ シャン　タ　イ ディン　ホェ ライ ダ

彼は必ず来ると思う。

ワンポイント 『想』のかわりに『覚得』も使えます。

我想 我 明天 会有空。
Wǒ xiǎng　wǒ　míng tiān　huì yǒu kòng
ウォ シャン　ウォ　ミン ティエン　ホェ ヨ コン

明日は時間があると思うよ。

ワンポイント 『有空』時間がある

我想 他 会成功的。
Wǒ xiǎng　tā　huì chéng gōng de
ウォ シャン　タ　ホェ チェン ゴン ダ

彼は成功すると思う。

27 〜だと思う③

我＋认为〜

基本フレーズ

我 认为 这个想法 很棒！
Wǒ rèn wéi zhè ge xiǎng fǎ hěn bàng
ウォ レンウェ ゼ ガ シャン ファ ヘン バン

このアイデアはすばらしいと思う。

こんなときに使おう！

相手のアイデアについて感想を求められたときに…

『主語＋认为〜』は「主語は〜だと思う」という表現です。今まで紹介してきた『我觉得〜』や『我想〜』と一番違うところは、『认为』は、ある物や人について見方を述べたり、判断を下したりする場合に使うことです。

たとえば会議などの場でフォーマルな提案や見解を求められたとき、『我觉得〜』のように「感覚」で述べると軽く捉えられてしまいます。そのときは『我认为〜』を使うのが普通です。

基本パターン

主語 ＋ 认为 ＋ 文章 。

～だと思う③／我+认为～

基本パターンで言ってみよう!

你 认为 如何?
Nǐ rèn wéi rú hé
ニ レン ウェ ル ハ

どう思う？

> **ワンポイント** 主観的な意見を聞くときに使います。『你想如何？』とは言いません。

我 认为 不行。
Wǒ rèn wéi bù xíng
ウォ レン ウェ ブ シン

ダメだと思う。

> **ワンポイント** 『我觉得不行』は「ダメだろうと思う」。『认为』よりも感覚的な意味合いがあります。『我想不行』は使いません。

我 认为 这是 不对的。
Wǒ rèn wéi zhè shì bú duì de
ウォ レン ウェ ゼ ス ブ ドェ ダ

それは間違っていると思います。

> **ワンポイント** 『不对』正しくない、間違っている

我 认为 这件事 双方 都有责任。
Wǒ rèn wéi zhè jiàn shì shuāng fāng dōu yǒu zé rèn
ウォ レン ウェ ゼ ジェン ス スヮン ファン ドウ ヨ ゼ レン

このことはお互いに責任があると思います。

28 〜だといいね

希望〜

基本フレーズ ♪

希望 你 喜欢。
Xī wàng　nǐ　xǐ huān
シ ワン　ニ　シ ホァン

気に入ってもらえるといいのですが。

こんなときに使おう!
プレゼントを渡すときに…

『希望〜』は「〜だといい」「〜だとうれしい」と、希望を表す表現です。「〜するといいのだけど」と、自分の願望を表すだけではなく、「〜するといいね」「〜してほしい」「〜なってほしい」と相手を気遣いたいときにも使えます。

基本パターン

主語 ＋ 希望 〜 。

主語は省略されることがよくあります。

~だといいね／希望~

基本パターンで言ってみよう！

希望 你 早日康复。
Xī wàng nǐ zǎo rì kāng fù
シ ワン ニ ザウ リ カン フ

早く良くなるといいね。

ワンポイント お見舞いに行くときに患者さんをなぐさめる決まり表現。

希望 一切 順利。
Xī wàng yí qiè shùn lì
シ ワン イ チェ スゥン リ

すべてがうまく行きますように。

ワンポイント 『順利』物事がうまく行く、順調に運ぶ

希望 能 快点 加薪。
Xī wàng néng kuài diǎn jiā xīn
シ ワン ナン クァイディェン ジャシン

早く給料が上がるといいね。

ワンポイント 『快点』早く 『加薪』給料が上がる

我 不希望 再见 到他。
Wǒ bù xī wàng zài jiàn dào tā
ウォ ブ シ ワン ザイ ジェン ダウ タ

もう彼とは二度と会いたくない。

ワンポイント 否定の『不』をつけると「～したくない」という意味になります。否定の場合、主語は通常、省略しません。

29 前は〜だったよ

我 + 以前 + 動詞

基本フレーズ

我 以前 抽烟。
Wǒ yǐqián chōu yān
ウォ イ チェン チョウ イェン

前はタバコを吸っていました。

こんなときに使おう!
「タバコを吸いますか?」と聞かれて…

『 主語 +以前+ 動詞 』は「 主語 は以前〜だった」という表現です。「今は違うけれど、前は〜だった」と言いたいときに使う表現です。

基本パターン

主語 + 以前 + 動詞 。

前は〜だったよ／我＋以前＋動詞

基本パターンで言ってみよう！

我 以前 是 一个人住。
Wǒ yǐ qián shì yí ge rén zhù
ウォ イ チェン ス イ ガ レン ズゥ

前は一人暮らしだった。

ワンポイント 『一个人住』一人暮らし

我 以前 养了 两只猫。
Wǒ yǐ qián yǎng le liǎng zhī māo
ウォ イ チェン ヤン ラ リャン ズ マウ

前は猫2匹を飼っていた。

ワンポイント 『养』飼育する

我 以前 不敢吃 生鱼片。
Wǒ yǐ qián bù gǎn chī shēng yú piàn
ウォ イ チェン ブ ガン ツ セン ユィ ピェン

前はお刺身が食べられなかった。

ワンポイント 『不敢〜』〜できない　『生鱼片』刺身

我 以前 住在 大阪。
Wǒ yǐ qián zhù zài Dà bǎn
ウォ イ チェン ズゥザイ ダ バン

前は大阪に住んでいた。

30 …に～させて

让…動詞

基本フレーズ

让 我 帮你。
Ràng wǒ bāng nǐ
ラン　ウォ　バン ニ

（私に）手伝わせて。

こんなときに使おう！
手伝いを申し出るときに…

『让～』は「～させてください」と許可を求める表現です。

「～させてもらえますか？」は『可以让～？』という表現です。「～させてください」より丁寧です。

●基本パターン●

「～させてください」

让 ＋ 人 ＋ 動詞 。

…に〜させて／让…動詞

基本パターンで言ってみよう！

让 我 来。
Ràng wǒ lái
ラン ウォ ライ

私にやらせてください。

让 他 去吧。
Ràng tā qù ba
ラン タ チュイ バ

彼を行かせて。

让 我 自我介绍 一下。
Ràng wǒ zì wǒ jiè shào yí xià
ラン ウォ ズ ウォ ジェ サウ イ シャ

自己紹介させてください。

ワンポイント 『自我介绍』自己紹介

可以 让 我 打电话 吗?
Kě yǐ ràng wǒ dǎ diàn huà ma
カ イ ラン ウォ ダ ディエン ホァ マ

電話をかけさせてもらえますか？

ワンポイント 『打电话』電話をかける

31 ～をありがとう

谢谢～

基本フレーズ

谢谢 你的 帮助。
Xiè xie　　nǐ de　　bāng zhù
シェ シェ　　ニ ダ　　バン ヂュー

手伝ってくれてありがとう。

こんなときに使おう!
手伝ってくれた相手に…

『谢谢』は「ありがとう」ですが、「～ありがとう」は『谢谢～』となります。

『谢谢』と言われたら、『不客气』(どういたしまして) と答えましょう。友達同士で軽く「いいえ」と答えたい場合は『没事(méi shi)』や、『哪儿的话(nǎr de huà)』(とんでもない) などと答えることも可能です。

●基本パターン●

谢谢 ～ 。

~をありがとう／谢谢~

😊 基本パターンで言ってみよう！

谢谢 你的 伊妹儿。
Xiè xie　nǐ de　yī mèir
シェシェ　ニ ダ　イ メイアル

Eメールをありがとう。

ワンポイント 『伊妹儿』は「Eメール」の音訳。

谢谢 你的 意见。
Xiè xie　nǐ de　yì jiàn
シェシェ　ニ ダ　イ ジェン

ご意見をありがとうございました。

谢谢 你的 礼物。
Xiè xie　nǐ de　lǐ wù
シェシェ　ニ ダ　リ ウ

プレゼントありがとう。

谢谢 您的 关照。
Xiè xie　nín de　guān zhào
シェシェ　ニン ダ　グァン ザウ

お世話になりました。

ワンポイント 『关照』面倒をみる

谢谢 老师的 指导。
Xiè xie　lǎo shī de　zhǐ dǎo
シェシェ　ラウ ス ダ　ズ ダウ

先生のご指導ありがとうございました。

32 〜してごめんね

対不起〜

基本フレーズ

対不起 我 迟到了。
Duì bu qǐ wǒ chí dào le
ドェブチ ウォ ツダウラ

遅れてごめんね。

こんなときに使おう!
待ち合わせ時間に遅れたときに…

　『対不起』は「すみません」「申し訳ない」の意味で、『対不起〜』は「〜してごめんね」という表現です。『対不起』と謝られたときには、『没关系』(méi guān xi)(大丈夫)と答えましょう。
　日本語の「すみません」にあたるものに『対不起』のほかに、『抱歉』(bào qiàn)もあります。

基本パターン

対不起 〜 。

~してごめんね／対不起~

基本パターンで言ってみよう!

对不起 打扰 一下。
Duì bu qǐ　dǎ rǎo　yí xià
ドゥブチ　ダラウ　イシャ

お邪魔してすみません。

ワンポイント 『打扰』邪魔をする

对不起 让您久等了。
Duì bu qǐ　ràng nín jiǔ děng le
ドゥブチ　ラン ニン ジョダン ラ

お待たせしてすみません。

ワンポイント 『让您久等了』は「お待たせしました」の慣用句。

对不起 都没联系 你。
Duì bu qǐ　dōu méi lián xi　nǐ
ドゥブチ　ドメイリェンシ　ニ

連絡してなくてごめんね。

ワンポイント 『联系』連絡する

33 〜じゃないの？

不〜吗?

基本フレーズ

不难吗?
Bù nán ma
ブ ナン マ

難しくないの？

こんなときに使おう!
今度の試験は難しくない？と聞きたいときに…

日本語の「〜じゃないの？」という表現は2通りあります。

基本パターン

「〜」に形容詞が来る場合は

不 ＋ 形容詞 ＋ 吗 ?

「〜」に名詞が来る場合は

不是 ＋ 名詞 ＋ 吗 ?

~じゃないの？／不~吗?

😊 基本パターンで言ってみよう！

不好看 吗?
Bù hǎo kàn　ma
ブ ハウ カン　マ

きれいじゃないの？

> **ワンポイント** 『好看』は「(物や人が) 美しい」「(服が) 似合う」という意味。英語で言うと「good looking」。

不漂亮 吗?
Bú piào liang　ma
ブ ピャウリャン　マ

美しくないの？

> **ワンポイント** 『漂亮』は「きれい」で、女性に用いられることが多いです。英語で言うと「beautiful」。

不危险 吗?
Bù wēi xiǎn　ma
ブ ウェ シェン　マ

危なくないの？

不是 免费的 吗?
Bú shì　miǎn fèi de　ma
ブ ス　ミェンフェイ ダ　マ

ただじゃないの？

> **ワンポイント** 『免费』ただ、無料

34 〜しないの？

不〜吗?

基本フレーズ

你 不参加 吗?
Nǐ bù cān jiā ma
ニ ブ ツァン ジャ マ

参加しないの？

こんなときに使おう!
相手に同意を求めたいときに…

『 主語 +不+ 動詞 +吗? 』は「〜しないの？」という表現です。『 主語 +不+ 動詞 +吗? 』と聞かれて、「〜するよ」と言うときは『〜』と答え、「〜しないよ」と言うときは『不〜』と言います。

● 基本パターン ●

主語 ＋ 不 ＋ 動詞 ＋ 吗 ?

～しないの？／不～吗?

基本パターンで言ってみよう！

你 不知道 吗?
Nǐ bù zhī dào ma
ニ ブ ズ ダウ マ

知らないの？

ワンポイント 『知道』知っている

你 不来 吗?
Nǐ bù lái ma
ニ ブ ライ マ

来ないの？

你 不吃饭 吗?
Nǐ bù chī fàn ma
ニ ブ ツ ファン マ

ご飯、食べないの？

你 不觉得 吗?
Nǐ bù jué de ma
ニ ブ ジュエ ダ マ

そう思わないの？

你 不记得了 吗?
Nǐ bú jì dé le ma
ニ ブ ジ ダ ラ マ

覚えてないの？

ワンポイント 『记得』覚えている

35 〜してないの？

没〜吗?

基本フレーズ

你 没去 吗?
Nǐ méi qù ma
ニ メイ チュィ マ

行ってないの？

こんなときに使おう!

「昨日の飲み会に行かなかった」と聞いて…

『主語+没+動詞+吗？』は「〜しなかったの？」という表現です。『主語+没+動詞+吗？』と聞かれて、「〜したよ」と言うときは『〜了』と答え、「〜しなかったよ」と言うときは『没〜』と言います。

基本パターン

主語 ＋ 没 ＋ 動詞 ＋ 吗 ?

〜してないの？/没〜吗?

基本パターンで言ってみよう!

你 没吃饭 吗?
Nǐ méi chī fàn ma
ニ メイ ツ ファン マ

ご飯食べてないの？

ワンポイント 『吃饭』ご飯を食べる

你 没见他 吗?
Nǐ méi jiàn tā ma
ニ メイ ジェン タ マ

彼に会ってないの？

ワンポイント 『见』会う

你 为什么 没告诉 我?
Nǐ wèi shén me méi gào sù wǒ
ニ ウェ セン モ メイ ガウ スゥ ウォ

なんで私に言ってくれなかったの？

ワンポイント 『为什么』なぜ 『告诉』教える、言う

你 昨天 没去上班 吗?
Nǐ zuó tiān méi qù shàng bān ma
ニ ズゥォ ティエン メイ チュイ サン バン マ

昨日、会社に行ってなかったの？

ワンポイント 過去を表す時間副詞が入ると「〜していなかった」になります。

36 そんなに〜じゃないよ

没那么〜

基本フレーズ ♪

没那么 简单。
Méi nà me　jiǎn dān
メイ ナ モ　ジェン ダン

そんなに簡単じゃないよ。

こんなときに使おう!
難しいことを頼まれて…

『没那么 + 形容詞 』は「そんなに〜じゃない」という表現です。

●基本パターン●

没那么 ＋ 形容詞 。

☺ 基本パターンで言ってみよう!

没那么 难。
Méi nà me　nán
メイ ナ モ　ナン

そんなに難しくないよ。

そんなに〜じゃないよ／没那么〜

没那么 贵。
Méi nà me　guì
メイ ナ モ　グェ

そんなに高くないよ。

没那么 远。
Méi nà me　yuǎn
メイ ナ モ　ユェン

そんなに遠くないよ。

没那么 多。
Méi nà me　duō
メイ ナ モ　ドゥォ

そんなに多くないよ。

没那么 有趣。
Méi nà me　yǒu qù
メイ ナ モ　ヨ チュイ

そんなにおもしろくないよ。

没那么 好吃。
Méi nà me　hǎo chī
メイ ナ モ　ハウ ツ

そんなにおいしくないよ。

37 〜すぎるよ

太〜了

基本フレーズ

太咸了。
Tài xián le
タイ シェン ラ

塩辛すぎるよ。

こんなときに使おう!
レストランで料理が塩辛かったときに…

『太 + 形容詞 + 了』は「〜すぎる」という表現です。

基本パターン

太 + 形容詞 + 了 。

基本パターンで言ってみよう!

太贵了。
Tài guì le
タイ グェ ラ

(値段が) 高すぎるよ。

ワンポイント 『贵』は「(値段が) 高い」。「安い」は『便宜』。

~すぎるよ／太~了

太多了。
Tài duō le
タイ ドゥォ ラ

多すぎるよ。

太少了。
Tài shǎo le
タイ サウ ラ

少なすぎるよ。

太大了。
Tài dà le
タイ ダ ラ

大きすぎるよ。

太小了。
Tài xiǎo le
タイ シャウ ラ

小さすぎるよ。

ワンポイント　「服のサイズが小さいよ」と言いたいときなどに使います。

太慢了。
Tài màn le
タイ マン ラ

遅すぎるよ。

ワンポイント　「(スピードが) 遅い」は『慢』。「(時刻が) 遅い」は『晩』。
　　　　　　　「(スピードが) 速い」は『快』。「(時刻が) 早い」は『早』。

38 ～する予定です

我＋预计～

基本フレーズ

我 预计 下周 去拜访他。
Wǒ yù jì xià zhōu qù bài fǎng tā
ウォ ユィ ジ シャ ゾウ チュィ バイ ファン タ

来週、彼を訪ねる予定です。

こんなときに使おう！

彼と会う予定があることを言うときに…

『 主語 ＋预计＋ 動詞 』は、予定や計画を話すときに使う表現です。

基本パターン

主語 ＋ 预计 ＋ 時間副詞 ＋ 動詞 。

主語 ＋ 時間副詞 ＋ 预计 ＋ 動詞 。

『预计』と時間副詞の位置を入れ替えることもできます。

~する予定です／我＋预计～

基本パターンで言ってみよう！

我 预计 后天 出国。
Wǒ yùjì hòutiān chūguó
ウォ ユィジ ホウティエン ツゥグォ

あさって出国する予定です。

ワンポイント　『出国』出国する、海外に行く

我 预计 明天 再打一次 电话。
Wǒ yùjì míngtiān zài dǎ yí cì diànhuà
ウォ ユィジ ミンティエン ザイ ダ イ ツ ティエン ホァ

明日もう一回電話をする予定です。

ワンポイント　『再一次』もう一回

我 预计 明晚 跟她 吃饭。
Wǒ yùjì míngwǎn gēn tā chīfàn
ウォ ユィジ ミンワン ゲン タ ツ ファン

明日の夜、彼女と食事をする予定です。

ワンポイント　『跟』～と

我们 预计 七点 在大厅 集合。
Wǒmen yùjì qī diǎn zài dàtīng jíhé
ウォメン ユィジ チ ティエン ザイ ダ ティン ジ ハ

私たちは7時にロビーで集合する予定です。

ワンポイント　『大厅』大広間、ホール、ロビー

39 ～するはずでした

我＋原先预定～

基本フレーズ

我 原先预定 上周 跟她 见面的。
Wǒ yuán xiān yù dìng shàng zhōu gēn tā jiàn miàn de
ウォ ユェンシェンユィディン サンゾウ ゲン タ ジェンミェン ダ

先週、彼女に会うはずでした。

こんなときに使おう!
会う予定だったのに、会わなかったときに…

『 主語 ＋原先预定＋ 動詞 』は予定や計画を話すときに使う表現です。
「～するはずでした」にあたる中国語は『原先预定』のほか、『本来打算』などがあります。『本来打算』は主語が人のときのみ使えます。

基本パターン

主語 ＋ 原先预定 ＋ 時間副詞 ＋ 動詞 。

主語 ＋ 時間副詞 ＋ 原先预定 ＋ 動詞 。

『原先预定』と時間副詞の位置を入れ替えることもできます。

~するはずでした／我＋原先預定~

基本パターンで言ってみよう！

他 原先預定 今天 的 飞机到的。
Tā yuán xiān yù dìng jīn tiān de fēi jī dào de
タ ユェンシェンユィディン ジンティェン ダ フェイジダウダ

彼は今日の飛行機で着くはずでした。

ワンポイント 『飞机』飛行機

我 原先預定 上星期 去上海的。
Wǒ yuán xiān yù dìng shàng xīng qī qù Shàng hǎi de
ウォ ユェンシェンユィディン サンシンチ チュィサンハイダ

先週、上海に行くはずでした。

ワンポイント 『上星期』先週

40 〜かもしれない ①

有可能〜

基本フレーズ

（我）有可能 去。
(Wǒ) yǒu kě néng qù
(ウォ) ヨ カ ナン チュィ

行くかもしれない。

こんなときに使おう!
「参加するかも」と相手に伝えたいときに…

『主語 +有可能+ 動詞』は「主語 は〜かもしれない」と推測する表現で、確信がもてないときに使います。『有』を省略しても OK です。否定するときは『可能』のあとに『不』を入れます。

● 基本パターン ●

主語 ＋ 有可能 ＋ 動詞 。

~かもしれない①／有可能~

😊 基本パターンで言ってみよう！

明天 有可能 下雨。
Míng tiān　yǒu kě néng　xià yǔ
ミン ティェン　ヨ カ ナン　シャ ユィ

明日、雨が降るかもしれない。

我 年底 可能 回国 一趟。
Wǒ　nián dǐ　kě néng　huí guó　yí tàng
ウォ　ニェン ディ　カ ナン　ホェ グォ　イ タン

年末にいったん帰国するかもしれない。

ワンポイント 『回国』は「帰国する」。『趟』は往復回数を数える単位。

你 有可能 听过 他的 名字。
Nǐ　yǒu kě néng　tīng guo　tā de　míng zi
ニ　ヨ カ ナン　ティン グォ　タ ダ　ミン ズ

彼の名前を聞いたことがあるかもしれない。

ワンポイント 『听过』聞いたことがある

我 过后 可能 要出去 一下。
Wǒ　guò hòu　kě néng yào chū qù　yí xià
ウォ　グォ ホウ　カ ナン ヤウ ツゥ チュィ　イ シャ

あとで外出するかもしれない。

我 可能 不去了。
Wǒ　kě néng　bú qù le
ウォ　カ ナン　ブ チュィ ラ

行かないかもしれない。

41 〜かもしれない②

也许〜

基本フレーズ

我 也许 能去。
Wǒ yě xǔ néng qù
ウォ イェ シュィ ナン チュィ

行けるかもしれない。

こんなときに使おう！
「行ける可能性がある」と伝えたいときに…

『 主語 + 也许 + 動詞 』は「 主語 は〜かもしれない」と推測する表現で、確信がもてないときに使います。

● 基本パターン ●

主語 ＋ 也许 ＋ 動詞 。

基本パターンで言ってみよう！

我 明年 也许 就回国 了。
Wǒ míng nián yě xǔ jiù huí guó le
ウォ ミンニェン イェシュィ ジョホェグォ ラ

来年、帰国するかもしれない。

~かもしれない②／也许~

他也许来，也许不来。
Tā yě xǔ lái　　yě xǔ bù lái
タ イエ シュィ ライ　イエ シュィ ブ ライ

彼は来るかもしれない、来ないかもしれない。

他 也许 已经 在路上 了。
Tā　yě xǔ　yǐ jīng　zài lù shàng　le
タ　イエ シュィ　イ ジン　ザイ ル サン　ラ

もう彼はこっちに向かってるかもよ。

> **ワンポイント** 『在路上』こちらに向かっている

也许 改天 吧。
Yě xǔ　gǎi tiān　ba
イエ シュィ　ガイ ティエン　バ

別の日になるかもしれない。

> **ワンポイント** 『改天』別の日に、近いうちに

⚠ これも知っておこう!

『也许』と似ている表現で『或许』があります。『或许』は「～かもしれない」のほかに「もしかして」「ひょっとして」というニュアンスもあります。

我 或许 不去了。
Wǒ　huò xǔ　bú qù le
ウォ　フオ シュィ　ブ チュィ ラ

もしかして行けないかもしれない。

42 ～すべきだよ

应该～

基本フレーズ

你 **应该** 打电话 给他。
Nǐ yīng gāi dǎ diàn huà gěi tā
ニ イン ガイ ダ ディエン ホァ ゲイ タ

彼に電話すべきだよ。

こんなときに使おう!
「彼に電話を」と強く勧めたいときに…

『 主語 +应该+ 動詞 』は「 主語 は～すべきだ」という表現です。人に何かを強く勧めるときや、アドバイスをするときに使います。否定形の「～すべきじゃない」は、『应该』の前に『不』をつけます。

基本パターン

主語 ＋ 应该 ＋ 動詞 。

~すべきだよ／应该~

基本パターンで言ってみよう!

你 应该 戒烟 了。
Nǐ yīng gāi jiè yān le
ニ インガイ ジェイェン ラ

タバコをやめるべきだよ。

ワンポイント 『戒烟』タバコをやめる

你 应该 快去 找工作的。
Nǐ yīng gāi kuài qù zhǎo gōng zuò de
ニ インガイ クァイチュイ ザウ ゴン ズゥォ ダ

早く仕事を見つけるべきだよ。

ワンポイント 『工作』仕事　『找工作』仕事を探す

你 应该 跟他 道歉。
Nǐ yīng gāi gēn tā dào qiàn
ニ インガイ ゲンタ ダウチェン

彼に謝るべきだよ。

ワンポイント 『道歉』謝る

你 不应该 打电话 给他。
Nǐ bù yīng gāi dǎ diàn huà gěi tā
ニ ブインガイ ダディェンホァ ゲイタ

彼に電話すべきじゃないね。

43 〜するはずだよ

应该〜

基本フレーズ

他 **应该** 会来。
Tā yīng gāi huì lái
タ インガイ ホェライ

彼は来るはずだよ。

こんなときに使おう!

彼が出席するかどうかを聞かれたときに…

『应该』には「パターン42」で学んだ「〜すべき」のほかに「〜するはず」という意味もあります。会話の前後の文脈で判断しましょう。

推測としての『应该』を否定形にするとき、『不』は『应该』と『会』の間に来ます。「パターン42」の「〜すべき」の『应该』の否定形と違うところですので、ぜひ見比べながら使ってみてください。

基本パターン

主語 + 应该 + 動詞 。

~するはずだよ／应该~

基本パターンで言ってみよう！

她 应该 马上回来 了。
Tā yīng gāi mǎ shàng huí lái le

彼女はもうそろそろ帰って来るはずだよ。

他 应该 就快到 了。
Tā yīng gāi jiù kuài dào le

彼はもうそろそろ着くはずだよ。

ワンポイント 『快~了』まもなく~する

演出 应该 快开始 了。
Yǎn chū yīng gāi kuài kāi shǐ le

ショーはもうそろそろ始まるはずだよ。

应该 来得及。
Yīng gāi lái de jí

間に合うだろう。

他 应该不会 来。
Tā yīng gāi bú huì lái

彼は来るはずがないよ。

44 〜のはずがない

不可能〜

基本フレーズ

那 **不可能** 是 真的。
Nà bù kě néng shì zhēn de
ナ ブ カ ナン ス ゼン ダ

それが本当のはずがない。

こんなときに使おう！
信じられない気持ちを表すときに…

『主語+不可能+動詞』は「主語は〜のはずがない」という表現です。『可能』は字面通り「可能性」を表す表現です。『不可能』は「その可能性がない」＝「〜のはずがない」です。

『不可能』を単独に使う場合は、「無理」という意。英語で言うと「impossible」です。

基本パターン

主語 ＋ 不可能 ＋ 動詞 。

~のはずがない／不可能~

基本パターンで言ってみよう！

她 不可能 认识 我。
Tā bù kě néng rèn shi wǒ
タ ブ カ ナン レン ス ウォ

彼女が私を知ってるはずがないわ。

ワンポイント 『认识』見知る

我 不可能 去。
Wǒ bù kě néng qù
ウォ ブ カ ナン チュィ

私が行くはずがないよ。

你 不可能 不会。
Nǐ bù kě néng bú huì
ニ ブ カ ナン ブ ホェ

君にできないはずがないよ。

我 不可能 嫁给他的。
Wǒ bù kě néng jià gěi tā de
ウォ ブ カ ナン ジャゲイ タ ダ

私が彼と結婚するはずがないよ。

她 不可能 爱上 你的。
Tā bù kě néng ài shàng nǐ de
タ ブ カ ナン アイサン ニ ダ

彼女があなたのことを好きになるはずがないよ。

ワンポイント 『爱上』好きになる

45 ～に違いない

一定～

基本フレーズ

他 一定 很忙吧。
Tā　yí dìng　hěn máng ba
タ　イ ディン　ヘン マン バ

彼はきっと忙しいに違いないよ。

こんなときに使おう!
「最近、彼を見ないね」と言われて…

『 主語 ＋一定～』は「 主語 は～に違いない」と推測する表現です。
『一定』は「～に違いない」のほかに「絶対に」「必ず」の意味もあります。

基本パターン

主語 ＋ 一定 ～ 。

~に違いない／一定~

基本パターンで言ってみよう!

你 一定 累了吧。
Nǐ yí dìng lèi le ba
ニ イ ディン レイ ラ バ

あなたはきっと疲れているでしょう。

那个会 一定 很无聊。
Nà ge huì yí dìng hěn wú liáo
ナ ガ ホェ イ ディン ヘン ウ リャウ

あのミーティングはつまらないに違いないよ。

ワンポイント 『无聊』つまらない、退屈

他 一定 出去玩 了。
Tā yí dìng chū qù wán le
タ イ ディン ツゥ チュィ ウァン ラ

彼はきっと出かけているに違いないよ。

ワンポイント 『出去』出かける 『玩』遊ぶ

你 一定 要遵守 约定。
Nǐ yí dìng yào zūn shǒu yuē dìng
ニ イ ディン ヤウ ズゥン ソウ ユェ ディン

絶対、約束を守ってね。

你 一定 不可以 忘记我。
Nǐ yí dìng bù kě yǐ wàng jì wǒ
ニ イ ディン ブ カ イ ワン ジ ウォ

絶対に私のことを忘れないでね。

46 〜してください

请〜

基本フレーズ

请坐。
Qǐng zuò
チン ズゥォ

どうぞ、おかけください。

こんなときに使おう!

お客に座ってもらうときに…

『请 + 動詞 』は「どうぞ〜してください」という、丁寧な表現です。

● 基本パターン ●

请 + 動詞 。

基本パターンで言ってみよう!

请 脱鞋。
Qǐng tuō xié
チン トゥォ シェ

靴をお脱ぎください。

ワンポイント 『鞋』は「靴」。ちなみに中国語の『靴』は「ブーツ」という意味。

~してください／请~

请 慢用。
Qǐng màn yòng
チン マン ヨン

どうぞゆっくり召し上がってください。

请 输入密码。
Qǐng shū rù mì mǎ
チン スゥル ミ マ

暗証番号を入力してください。

ワンポイント ATMでお金を引き下ろすときに必ず目にする表現。

请 按 井字键。
Qǐng àn jǐng zì jiàn
チン アン ジン ズ ジェン

シャープを押してください。

ワンポイント 「シャープ」は「井」の文字に似ていることから、中国語では『井字键』と言います。

请 安静。
Qǐng ān jìng
チン アン ジン

静かにしてください。

ワンポイント 病院などでよく見かける表現。

47 ～しないで / 不要～

基本フレーズ

不要 走！
Bú yào zǒu
ブ ヤウ ゾウ

行かないで！

こんなときに使おう!
ここに残ってほしいと相手に言うときに…

『不要+ 動詞 』は「～しないでください」「～してはいけない」「～するな」という表現です。

『不要。』と単独で使うと、「必要がない」「いらない」という意味になります。

● 基本パターン ●

不要 ＋ 動詞 。

〜しないで／不要〜

基本パターンで言ってみよう!

不要 担心。
Bú yào　　dān xīn
ブ ヤウ　　ダン シン

心配しないで。

ワンポイント 『担心』心配する

不要 跟别人 说。
Bú yào　　gēn bié rén　　shuō
ブ ヤウ　　ゲン ビェ レン　　スゥォ

誰にも話さないで。

ワンポイント 『別人』他の人

不要 哭。
Bú yào　　kū
ブ ヤウ　　ク

泣かないで。

ワンポイント 『哭』泣く

不要 碰。
Bú yào　　pèng
ブ ヤウ　　ポン

触るな。

ワンポイント 『碰』触る

48 〜してもいい？①

可以〜吗?

基本フレーズ

我 可以坐这里 吗?
Wǒ　　kě yǐ zuò zhè li　　ma
ウォ　カ イ ズゥォ ゼ リ　　マ

ここに座ってもいい？

こんなときに使おう!

空いている席に座りたいときに…

『 主語 +可以+ 動詞 +吗？』は「〜してもいい？」「〜しても大丈夫？」と許可を求める表現です。主語は省略することも可能です。

『可以〜吗？』と聞かれて、OKのときには『当然』（もちろん）、『可以』（いいよ）などと答えます。ダメのときには『不可以』（ダメ）、『不行』（いけない）などと答えます。

『可以吗？』を単独に使うと、「いいの？」「大丈夫？」という意味になります。

基本パターン

主語 ＋ 可以 ＋ 動詞 ＋ 吗 ?

~してもいい？①／可以～吗?

🙂 基本パターンで言ってみよう！

可以 借我 一百块 吗?
Kě yǐ　jiè wǒ　yì bǎi kuài　ma
カ イ　ジェ ウォ　イ バイ クァイ　マ

100元を貸してもらってもいい？

ワンポイント 『借』貸す、借りる

可以 借我 用一下 吗?
Kě yǐ　jiè wǒ　yòng yí xià　ma
カ イ　ジェ ウォ　ヨン イ シャ　マ

ちょっと（借りて）使ってもいい？

ワンポイント 『用』使う、使用する

我 可以 点菜了 吗?
Wǒ　kě yǐ　diǎn cài le　ma
ウォ　カ イ　ディェン ツァイ ラ　マ

注文してもいいですか？

ワンポイント 『点菜』注文する

可以 跟您 确认一下吗?
Kě yǐ　gēn nín　què rèn yí xià ma
カ イ　ゲン ニン　チュェ レン イ シャ マ

（あなたに）ちょっと確認してもいいですか？

ワンポイント 『确认』確認する

II 使える！頻出パターン51

49 〜してもいい？②

可不可以〜?

基本フレーズ

我 今天 可不可以 休息?
Wǒ jīn tiān kě bu kě yǐ xiū xi
ウォ ジンティェン カブカイ ショシ

今日は休んでもいいですか？

こんなときに使おう！
急な用事があって休みたいと言うときに…

『 主語 +可不可以+ 動詞 ？』は「〜してもいい？」「〜しても大丈夫？」と許可を求める表現です。主語は省略することも可能です。

『可不可以〜?』と聞かれて、OKの時には『当然』（もちろん）、『可以』（いいよ）、ダメな時には『不可以』（だめ）、『不行』（いけない）などと答えます。少しきつい答え方になりますので、気をつけましょう。

『可不可以〜一下?』という表現には「〜してくれる？」とお願いするニュアンスが入っています。

●基本パターン●

主語 ＋ 可不可以 ＋ 動詞 ?

~してもいい？②／可不可以~?

基本パターンで言ってみよう!

这里 可不可以 吸烟?
Zhè li　kě bu kě yǐ　xī yān
ゼ リ　カ ブ カ イ　シ ィェン

ここはタバコを吸ってもいいですか？

ワンポイント　『这里』ここ　『吸烟』タバコを吸う

可不可以 开窗?
Kě bu kě yǐ　kāi chuāng
カ ブ カ イ　カイ ツゥァン

窓を開けてもいい？

ワンポイント　『开窗』窓を開ける

可不可以 麻烦 你 一下?
Kě bu kě yǐ　má fán　nǐ　yí xià
カ ブ カ イ　マ ファン　ニ　イ シャ

ちょっとお願いしてもいいですか？

ワンポイント　『麻烦』面倒をかける

可不可以 帮我 看一下?
Kě bu kě yǐ　bāng wǒ　kàn yí xià
カ ブ カ イ　バン ウォ　カン イ シャ

ちょっと見てくれる？

ワンポイント　『帮～一下』手伝ってくれる

Ⅱ 使える! 頻出パターン51

50 ～していただけませんか？

能不能～？

基本フレーズ

能不能 请你说 慢点?
Néng bù néng qǐng nǐ shuō màn diǎn
ナン ブ ナン　チン ニ スゥォ　マン ディエン

ゆっくり話していただけませんか？

こんなときに使おう!
相手の言うことがうまく聞き取れないときに…

『 主語 +能不能～？』は「～していただけませんか？」「～していただけますか？」と許可を求める表現です。主語は省略することも可能です。

『能不能～？』と聞かれて、OKの時には『好的』(はい、いいですよ)、ダメなときには『不能』(できません) や『不要』(いやです) などと答えます。少しきつい答え方になりますので、気をつけましょう。

基本パターン

主語 ＋ 能不能 ～ ？

～していただけませんか？／能不能～?

基本パターンで言ってみよう！

能不能 再说一遍?
Néng bù néng　zài shuō yí biàn
ナン ブ ナン　ザイ スゥォ イ ビェン

もう一度、言っていただけませんか？

ワンポイント 『再一遍』もう一回

能不能 再便宜 一点?
Néng bù néng　zài pián yi　yì diǎn
ナン ブ ナン　ザイ ピェン イ　イ ディェン

もう少し安くしていただけませんか？

能不能 给我 介绍 一下?
Néng bù néng　gěi wǒ　jiè shào　yí xià
ナン ブ ナン　ゲイ ウォ　ジェ サウ　イ シャ

紹介していただけませんか？

ワンポイント 『介绍』紹介する

能不能 请你 推荐 好吃的店?
Néng bù néng　qǐng nǐ　tuī jiàn　hǎo chī de diàn
ナン ブ ナン　チン ニ　トェ ジェン　ハウ ツ ダ ディェン

おいしい店を勧めていただけませんか？

51 〜が必要です

我＋需要〜

基本フレーズ

我 需要 你的 帮助。
Wǒ xū yào nǐ de bāng zhù
ウォ シュィヤウ ニ ダ バン ズゥ

君の助けが必要なんだ。

こんなときに使おう!
助けを求めたいときに…

『 主語 ＋需要〜』は「 主語 は〜が必要だ」という表現です。〜に動詞が来ると、「 主語 は〜しなければならない」という意味にもなります。

基本パターン

主語 ＋ 需要 ＋ 名詞 。

主語 ＋ 需要 ＋ 動詞 。

～が必要です／我＋需要～

基本パターンで言ってみよう！

我 需要 钱。
Wǒ　xū yào　qián
ウォ　シュィ ヤウ　チェン

お金が必要なんだ。

ワンポイント 『钱』お金

我 需要 休息。
Wǒ　xū yào　xiū xi
ウォ　シュィ ヤウ　ショ シ

休みが必要なんだ。

我 需要 你。
Wǒ　xū yào　nǐ
ウォ　シュィ ヤウ　ニ

あなたが必要なの。

你 需要 更努力。
Nǐ　xū yào　gèng nǔ lì
ニ　シュィ ヤウ　ゲン ヌ リ

君はもっと努力しなければいけないよ。

你 需要 什么？
Nǐ　xū yào　shén me
ニ　シュィ ヤウ　セン モ

何が必要ですか？

ワンポイント 『什么』何

52 どんな〜？ / 什么样的〜?

基本フレーズ

他是什么样的人？
Tā shì shén me yàng de rén
タ ス センモヤンダレン

彼はどんな人？

こんなときに使おう！
性格、人柄について聞きたいときに…

『主語 + 動詞 + 什么样的 + 名詞 ?』は「主語 はどんな〜が…？」と尋ねる表現です。

基本パターン

主語 + 動詞 + 什么样的 + 名詞 ?

どんな〜？／什么样的〜?

基本パターンで言ってみよう！

你 喜欢 什么样的 歌?
Nǐ xǐ huān shén me yàng de gē
ニ シ ホァン セン モ ヤン ダ ガ

どんな歌が好きですか？

你 喜欢 什么样的 女性?
Nǐ xǐ huān shén me yàng de nǚ xìng
ニ シ ホァン セン モ ヤン ダ ニュィ シン

あなたはどんな女性が好きですか？

你 想看 什么样的 电影?
Nǐ xiǎng kān shén me yàng de diàn yīng
ニ シャン カン セン モ ヤン ダ ディェン イン

どんな映画を観たい？

你 想买 什么样的 车?
Nǐ xiǎng mǎi shén me yàng de chē
ニ シャン マイ セン モ ヤン ダ ツェ

どんな車を買いたい？

最近 什么样的产品 受欢迎?
Zuì jìn shén me yàng de chǎn pǐn shòu huān yíng
ズェ ジン セン モ ヤン ダ ツァン ピン ソウ ホァン イン

最近どんな商品が人気ですか？

ワンポイント 『产品』商品　『受欢迎』人気がある

53 よく〜するの？

常〜吗?

基本フレーズ

你们 常见面 吗?
Nǐ men cháng jiàn miàn ma
ニ メン ツァンジェンミェン マ

あなたたちはよく会うの？

こんなときに使おう！

よく会っているか聞きたいときに…

『常〜吗?』は「よく〜するの？」と尋ねる表現です。

『常』は「よく」「いつも」「しょっちゅう」という意味です。「よく」「いつも」「しょっちゅう」の中国語には『常』の類似語として『常常』『经常』『时常』があります。

基本パターン

主語 ＋ 常 ＋ 動詞 ＋ 吗 ？

よく～するの？／常～吗?

基本パターンで言ってみよう!

你 常 去看 电影 吗?
Nǐ cháng qù kàn diàn yǐng ma
ニ ツァン チュイ カン ディエン イン マ

よく映画を観に行くの？

你 常 出差 吗?
Nǐ cháng chū chāi ma
ニ ツァン ツゥ ツァイ マ

よく出張するの？

> ワンポイント 『出差』出張する

你 常 来 北京 吗?
Nǐ cháng lái Běi jīng ma
ニ ツァン ライ ベイ ジン マ

よく北京に来るの？

你 常 迟到 吗?
Nǐ cháng chí dào ma
ニ ツァン ツ ダウ マ

よく遅刻するの？

你 常 上网 吗?
Nǐ cháng shàng wǎng ma
ニ ツァン サン ワン マ

よくインターネットをするの？

> ワンポイント 『上网』インターネットをする

54 〜そうだね / 好像〜

基本フレーズ

好像 很好吃。
Hǎo xiàng　hěn hǎo chī
ハウ シャン　ヘン ハウ ツ

おいしそう。

こんなときに使おう!
おいしそうなケーキを目の前に…

『 主語 +好像+很+ 形容詞 』は「〜そうだね」「〜のようだ」と見た感じを述べる表現です。主語を省略できます。

基本パターン

主語 ＋ 好像 ＋ 很 ＋ 形容詞 。

基本パターンで言ってみよう!

好像 很难。
Hǎo xiàng　hěn nán
ハウ シャン　ヘン ナン

難しそう。

ワンポイント　『难』難しい、困難である

～そうだね／好像～

好像 很辛苦。
Hǎo xiàng　hěn xīn kǔ
ハウ シャン　ヘン シン ク

大変そう。

好像 很不错。
Hǎo xiàng　hěn bú cuò
ハウ シャン　ヘン ブ ツォ

良さそう。
> ワンポイント 『不错』は「悪くない」＝「良い」

好像 很难吃。
Hǎo xiàng　hěn nán chī
ハウ シャン　ヘン ナン ツ

まずそう。
> ワンポイント 『难吃』味がまずい

好像 很贵。
Hǎo xiàng　hěn guì
ハウ シャン　ヘン グェ

高そう。
> ワンポイント 『贵』（値段が）高い

好像 很无聊。
Hǎo xiàng　hěn wú liáo
ハウ シャン　ヘン ウ リャウ

つまらなさそう。
> ワンポイント 『无聊』つまらない

55 〜しそうだね

好像 快〜了

基本フレーズ

好像 快下雨 了。
Hǎo xiàng kuài xià yǔ le
ハウ シャン クァイ シャ ユィ ラ

雨が降り出しそう。

こんなときに使おう!
雲行きがあやしいときに…

『主語+好像+快+動詞+了』は「〜そうだね」という表現です。
見た感じを述べる表現です。

基本パターン

主語 ＋ 好像 ＋ 快 ＋ 動詞 ＋ 了 。

基本パターンで言ってみよう!

台风 好像 快来 了。
Tái fēng hǎo xiàng kuài lái le
タイ フォン ハウ シャン クァイ ライ ラ

台風がやって来そう。

〜しそうだね／好像 快〜了

好像 快好 了。
Hǎo xiàng kuài hǎo le
ハウ シャン クァイ ハウ ラ

もうできそう。

ワンポイント ご飯やパンがまもなく出来上がるときなどに使えるフレーズ。

好像 快过期 了。
Hǎo xiàng kuài guò qī le
ハウ シャン クァイ グォ チ ラ

期限が切れそう。

ワンポイント 『过期』（食べ物、定期券など）期限が切れる

好像 快生病 了。
Hǎo xiàng kuài shēng bìng le
ハウ シャン クァイ センビン ラ

病気になりそう。

ワンポイント 『生病』病気になる

我的 电脑 好像 快坏 了。
Wǒ de diàn nǎo hǎo xiàng kuài huài le
ウォ ダ ディェン ナウ ハウ シャン クァイ ホァイ ラ

パソコンが壊れそう。

ワンポイント 『电脑』パソコン　　『坏』壊れる

II 使える！頻出パターン51

175

56 ～によるよ

看～吧

基本フレーズ

看 情况 吧。
Kàn qíng kuàng ba
カン チン クァン バ

状況によるよ。

こんなときに使おう!
時と場合によってはというときに…

『看＋ 名詞 ＋吧』は「～によるよ」という表現で、物事が何かに左右されるときに使います。語尾の『吧』を省略することもできます。

基本パターン

看 ＋ 名詞 ＋ 吧 。

～によるよ／看～吧

基本パターンで言ってみよう!

看 天气 吧。
Kàn tiān qì ba
カン ティエン チ バ

天気によるね。

看 条件 吧。
Kàn tiáo jiàn ba
カン テャオ ジェン バ

条件によるね。

看 他怎么回答 吧。
Kàn tā zěn me huí dá ba
カン タ ゼン モ ホェ ダ バ

彼の答え次第だね。

ワンポイント 直訳は「彼がどう答えるかによるよ」。

看 结果 吧。
Kàn jié guǒ ba
カン ジェ グォ バ

結果によるよ。

看 她 吧。
Kàn tā ba
カン タ バ

彼女によるね。

ワンポイント 「彼女次第だね」と解釈することもできます。

57 〜ってこと？

你＋是说〜？

基本フレーズ

你 是说 这个比较好 吗?
Nǐ shì shuō zhè ge bǐ jiào hǎo ma
ニ ス スゥォ ゼ ガ ビ ジャウ ハウ マ

こっちのほうがいいってこと？

こんなときに使おう!

相手の説明に対して確認したいときに…

『你是说〜』は相手が言ったことを確認する表現です。『你是说〜』の類似表現に『你的意思是〜』もあります。

● 基本パターン ●

你 ＋ 是说 ＋ 文章 ?

～ってこと？／你＋是说～?

😊 基本パターンで言ってみよう！

你 是说 她说得对？
Nǐ shì shuō tā shuō de duì
ニ ス スゥォ タ スゥォ ダ ドェ

彼女が正しいってこと？

> **ワンポイント** 『说得对』言っていることが正しい

你 是说 你跟她分手 了？
Nǐ shì shuō nǐ gēn tā fēn shǒu le
ニ ス スゥォ ニ ゲン タ フェン ソウ ラ

彼女と別れたってこと？

> **ワンポイント** 『分手』別れる

你 是说 你毕业后 想留下来？
Nǐ shì shuō nǐ bì yè hòu xiǎng liú xià lái
ニ ス スゥォ ニ ビ イェ ホウ シャン リョ シャ ライ

卒業したら残りたいってこと？

> **ワンポイント** 『留下来』は「残る」。卒業しても国に帰らないで、このまま残る、という意味。留学生によくあること。

你 是说 他OK 吗？
Nǐ shì shuō tā OK ma
ニ ス スゥォ タ オーケー マ

彼がOKってこと？

58 〜だよね？
〜，是吧?

基本フレーズ

你 留过学，是吧?
Nǐ liú guo xué shì ba
ニ リョグォ シュエ ス バ

留学してたよね？

こんなときに使おう！
「〜だよね？」と相手にも同意を求めるときに…

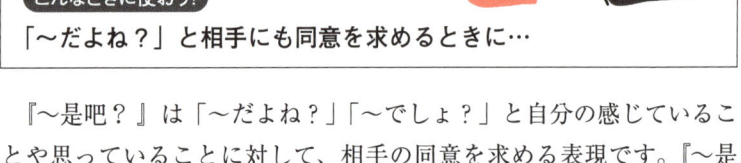

『〜是吧？』は「〜だよね？」「〜でしょ？」と自分の感じていることや思っていることに対して、相手の同意を求める表現です。『〜是吧？』と言われて、「そうだね」と言うときは『是的』と答えます。

基本パターン

文章 ， 是吧 ？

基本パターンで言ってみよう！

他 是 日本人，是吧?
Tā shì Rì běn rén shì ba
タ ス リ ベン レン ス バ

彼は日本人だよね？

ワンポイント なんだか雰囲気が日本人っぽい人を見かけたとき。

～だよね？／～，是吧?

昨晚 地震了，是吧?
Zuó wǎn　　dì zhèn le　　　shì ba
ズゥォ ヴァン　ディ ゼン ラ　　ス バ

夕べ地震があったよね？

你 结婚了，是吧?
Nǐ　 jié hūn le　　　shì ba
ニ　 ジェ フン ラ　　 ス バ

結婚してるんだよね？

ワンポイント　「夜遅くまで遊んでいいの？」と相手に聞きたいとき。

你 在暗恋她，是吧?
Nǐ　　zài àn liàn tā　　　shì ba
ニ　　ザイ アン リェン タ　　ス バ

彼女に片思いしてるんでしょ？

⚠ これも知っておこう!

『～是吧?』の類似表現に『～対吧?』もあります。

你 留过学 対吧?
Nǐ　　liú guo xué　　　duì ba
ニ　　リョウ グォ シュェ　　ドェ バ

留学してたよね？

59 〜頑張って

祝你〜順利

基本フレーズ

祝你 工作 顺利。
Zhù nǐ gōng zuò shùn lì
ズゥ ニ　ゴン ズゥォ　スゥン リ

仕事、頑張ってね。

こんなときに使おう!

仕事をしている人に対して、別れ際に…

　『祝你〜順利』は「幸運を祈って、すべてがうまく行きますように」という意味ですが、日本語の「頑張って!」にぴったりです。『〜加油啊』を使うこともできますが、『祝你〜順利』のほうが、より中国語らしい表現です。

● 基本パターン ●

祝你 〜 顺利 。

基本パターンで言ってみよう!

祝你 考试 顺利。
Zhù nǐ kǎo shì shùn lì
ズゥ ニ　カゥ ス　スゥン リ

試験、頑張って。

～頑張って／祝你～順利

祝你 面试 顺利。
Zhù nǐ miàn shì shùn lì
ズゥ ニ ミェン ス スゥン リ

面接、頑張って。

祝你 找工作 顺利。
Zhù nǐ zhǎo gōng zuò shùn lì
ズゥ ニ ザウ ゴン ズゥォ スゥン リ

就職活動、頑張って。

祝你 事业 顺利。
Zhù nǐ shì yè shùn lì
ズゥ ニ ス イェ スゥン リ

商売がうまく行きますように。

ワンポイント 商売をしている人にかける、縁起の良い祝福の言葉。

これも知っておこう!

「～頑張って」は『～加油啊』という表現もあります。

工作 加油啊。
Gōng zuò jiā yóu a
ゴン ズゥォ ジャ ヨ ア

仕事、頑張ってね。

ワンポイント 『加油』は「ガソリンを入れる」で「頑張る」という意。

60 ～おめでとう

恭喜～

基本フレーズ

恭喜 你结婚 了。
Gōng xǐ　nǐ jié hūn　le
ゴン シ　ニ ジェ フン　ラ

ご結婚おめでとう。

こんなときに使おう!
結婚する人に祝福の言葉を言いたいときに…

『恭喜～』は「～おめでとう」という表現です。『恭喜!』(おめでとう)だけでも使えます。

語順が代わって、『恭喜』をあとに置いて『～恭喜』と言うこともできます。『～快乐』で「～おめでとう」を表す場合もあります。

基本パターン

恭喜 ～ 。

～ 恭喜 。

~おめでとう／恭喜~

基本パターンで言ってみよう!

恭喜 你 升官。
Gōng xǐ nǐ shēng guān
ゴン シ ニ セン グァン

ご昇進おめでとう。

ワンポイント 昇進した人にかける決まり文句。

恭喜 你当爸爸 了。
Gōng xǐ nǐ dāng bà ba le
ゴン シ ニ ダン バ バ ラ

新米パパ、おめでとう。

ワンポイント 新米パパにかける決まり文句。新米ママの場合は『恭喜你当妈妈了。』と言います。

恭喜 发财。
Gōng xǐ fā cái
ゴン シ ファ ツァイ

明けましておめでとうございます。

ワンポイント 旧正月のときに使う挨拶です。西暦の新年のときは『新年好。』と言います。

结婚 恭喜 了。
Jié hūn gōng xǐ le
ジェ フン ゴン シ ラ

ご結婚おめでとう。

61 何時〜？

几点〜？

基本フレーズ

现在 几点?
Xiàn zài jǐ diǎn
シェン ザイ ジ ディェン

今、何時ですか？

こんなときに使おう！
相手に時間を聞きたいときに…

『 主語 +几点+ 動詞 ？』は「何時に〜？」という表現です。答えるときは『〜点』(〜時) などと答えます。

基本パターン

主語 ＋ 几点 ＋ 動詞 ？

基本パターンで言ってみよう！

你 平时几点 起床?
Nǐ píng shí jǐ diǎn qǐ chuáng
ニ ピン ス ジ ディェン チ ツゥァン

ふだん、何時に起きてるの？

何時〜？／几点〜？

你 几点 上班?
Nǐ jǐ diǎn shàng bān
ニ ジ ディェン サンバン

何時に会社に行くの？

ワンポイント 『上班』出勤する

你 昨晚 几点 回到家的?
Nǐ zuó wǎn jǐ diǎn huí dào jiā de
ニ ズゥオ ウァン ジ ディェン ホェ ダウ ジャ ダ

夕べ何時に家に着いたの？

ワンポイント 『回家』自宅に戻る

你 几点 睡的?
Nǐ jǐ diǎn shuì de
ニ ジ ディェン ジャウ ダ

何時に寝た？

ワンポイント 『睡』寝る

你 几点 出门?
Nǐ jǐ diǎn chū mén
ニ ジ ディェン ツゥメン

何時に出かける？

你 几点 回来?
Nǐ jǐ diǎn huí lái
ニ ジ ディェン ホェ ライ

何時に帰って来るの？

⚠️ これも知っておこう!

【時計の表し方】

九点整
jiǔ diǎn zhěng
ジョ ティェン ゼン
9時(ちょうど)

九点五分
jiǔ diǎn wǔ fēn
ジョ ティェン ウ フェン
9時5分

九点十五分
jiǔ diǎn shí wǔ fēn
ジョ ティェン ス ウ フェン
9時15分

九点半(＝九点三十分)
jiǔ diǎn bàn　(jiǔ diǎn sān shí fēn)
ジョ ティェン バン　(ジョ ティェン サ ス フェン)
9時半　　(9時30分)

九点四十五分
jiǔ diǎn sì shí wǔ fēn
ジョ ティェン ス ス ウ フェン
9時45分

九点五十分
jiǔ diǎn wǔ shí fēn
ジョ ティェン ウ ス フェン
9時50分

何時~？／几点~?

【いろいろな時刻の表現のしかた】

现在是 九点。
Xiàn zài shì jiǔ diǎn
シェン ザイ ス ジョ ディェン
今は9時です。

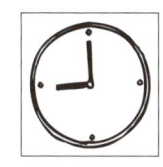

现在是 上午九点。
Xiàn zài shì shàng wǔ jiǔ diǎn
シェン ザイ ス サン ウ ジョ ディェン
今は午前9時です。

现在是 九点整。
Xiàn zài shì jiǔ diǎn zhěng
シェン ザイ ス ジョ ディェン ゼン
今は9時（ちょうど）です。

快九点了。
Kuài jiǔ diǎn le
クァイ ジョ ディェン ラ
もうすぐ9時です。

不到九点。
Bú dào jiǔ diǎn
ブ ダウ ジョ ディェン
9時前です。

中午十二点。
Zhōng wǔ shí èr diǎn
ゾン ウ ス アル ディェン
正午12時です。

午夜十二点。
Wǔ yè shí èr diǎn
ウ イェ ス アル ディェン
夜中の12時です。

62 ～するようにしているよ

我＋努力尝试～

基本フレーズ

我 努力尝试 早起。
Wǒ nǔ lì cháng shì zǎo qǐ
ウォ ヌ リ ツァンス ザウチ

早起きするようにしています。

こんなときに使おう！
「何か心がけていることはある？」と聞かれて…

『 主語 ＋努力尝试＋ 動詞 』は「 主語 は～するようにしている」という表現です。心がけていることなどを話すときに使います。

● 基本パターン ●

主語 ＋ 努力尝试 ＋ 動詞 。

~するようにしているよ／我＋努力尝试~

基本パターンで言ってみよう!

我 努力尝试 早睡。
Wǒ　nǔ lì cháng shì　zǎo shuì
ウォ　ヌ リ ツァン ス　ザウ スェ

早く寝るようにしています。

ワンポイント 『早睡』早寝する

我 努力尝试 存钱。
Wǒ　nǔ lì cháng shì　cún qián
ウォ　ヌ リ ツァン ス　ツゥン チェン

お金を貯めるようにしています。

ワンポイント 『存钱』お金を貯める

我 努力尝试 说中文。
Wǒ　nǔ lì cháng shì　shuō Zhòng wén
ウォ　ヌ リ ツァン ス　スゥォ ゾン ウン

中国語で話すようにしています。

ワンポイント 『说』話す

我 努力尝试 做到最好。
Wǒ　nǔ lì cháng shì　zuò dào zuì hǎo
ウォ　ヌ リ ツァン ス　ズゥォ ダウ ズェ ハウ

ベストを尽くすようにしています。

ワンポイント 『做到最好』は英語で言うと「do my best」。

63 〜を楽しみにしているよ

我＋很盼望〜

基本フレーズ

我 **很盼望** 见到你。
Wǒ hěn pàn wàng jiàn dào nǐ
ウォ ヘン パン ウァン ジェンダウ ニ

あなたに会えるのを楽しみにしているよ。

こんなときに使おう！

会う約束をした相手に…

『 主語 +很盼望〜』は「 主語 は〜を楽しみにしているよ」という表現です。『盼望』は「心待ちにしている」という意。類似表現に『 主語 +很期待〜』もあります。

基本パターン

主語 ＋ 很盼望 〜 。

～を楽しみにしているよ／我＋很盼望～

基本パターンで言ってみよう！

我 很盼望 下周的聚会。
Wǒ　hěn pàn wàng　xià zhōu de jù huì
ウォ　ヘン パン ワン　シャゾウ ダ ジュィ ホェ

来週の集まりを楽しみにしているね。

ワンポイント 『聚会』集まり

我 很盼望 下周日的到来。
Wǒ　hěn pàn wàng　xià zhōu rì de dào lái
ウォ　ヘン パン ワン　シャゾウ リ ダ ダウライ

来週の日曜日が来るのを楽しみにしているね。

ワンポイント 『下周日』来週の日曜日

我 很盼望 能参加 你的 结婚典礼。
Wǒ　hěn pàn wàng　néng cān jiā　nǐ de　jié hūn diǎn lǐ
ウォ　ヘン パン ワン　ナン ツァン ジャ　ニ ダ　ジェ フン ディェン リ

君の結婚式（に出席するの）を楽しみにしているよ。

ワンポイント 『结婚典礼』結婚式

これも知っておこう！

非常期待 您的 出席。
Fēi cháng qī dài　nín de　chū xí
フェイ ツァン チ ダイ　ニン ダ　ツゥ シ

あなたのご出席を楽しみにしています。

64 ～で困っているの

我～遇到困难

基本フレーズ

我 电脑 遇到困难。
Wǒ diàn nǎo yù dào kùn nan
ウォ ディエン ナウ ユィ ダウ クン ナン

コンピュータで困っているの。

こんなときに使おう!
コンピュータの調子が悪いときに…

『主語 + 名詞 + 遇到困难』は「主語 は～で困っている」という表現です。なにか困っているときに使います。

基本パターン

主語 + 名詞 + 遇到困难 。

~で困っているの／我~遇到困难

基本パターンで言ってみよう!

我 学习上 遇到困难。
Wǒ xué xí shàng　yù dào kùn nan
ウォ シュェ シ サン　ユィ ダウ クン ナン

勉強のことで困っているの。

ワンポイント 『～上』は、ここでは「～において」。

他 工作上 遇到困难。
Tā gōng zuò shàng　yù dào kùn nan
タ ゴン ズゥォ サン　ユィ ダウ クン ナン

彼は仕事で困っているの。

我 生活 遇到困难。
Wǒ shēng huó　yù dào kùn nan
ウォ センフォ　ユィ ダウ クン ナン

生活に困っているの。

ワンポイント お金を貸してほしいと切り出す前に使う決まり文句。

朋友 遇到困难。
Péng you　yù dào kùn nan
ペン ヨ　ユィ ダウ クン ナン

友達が困っているの。

65 ～されました

被～了

基本フレーズ

他 被老师 表扬了。
Tā bèi lǎo shī biǎo yáng le
タ ベイラウス ビャウヤン ラ

（彼は）先生にほめられました。

こんなときに使おう!
「学校で彼はどう？」と聞かれて…

受け身の「主語 は…によって～された」は、『主語 ＋被 … 動詞 ＋了』が基本的なパターンです。『被…』は「…によって」という意味で、『…』の部分には動作をした人や物が来ます。そしてそのあとに「～された」という結果を表す語句が来ます。

『…』の部分は、行為者がはっきりしない場合や特定する必要がない場合は省略されます。

基本パターン

主語 ＋ 被 ＋ 人・物 ＋ 動詞 ＋ 了 。

~されました／被~了

基本パターンで言ってみよう！

我 被蚊子 咬了。
Wǒ bèi wén zi yǎo le
ウォ ベイ ウン ズ ヤウ ラ

蚊に刺された。

我的钱包 被偷了。
Wǒ de qián bāo bèi tōu le
ウォ ダ チェン バウ ベイ トゥ ラ

財布を盗まれました。

ワンポイント 『钱包』財布

我的电脑 被病毒 感染了。
Wǒ de diàn nǎo bèi bìng dú gǎn rǎn le
ウォ ダ ディェン ナウ ベイ ビン ドゥ ガンラン ラ

パソコンがウイルスに感染した。

ワンポイント 『电脑』パソコン 『病毒』ウイルス

他 被开除了。
Tā bèi kāi chú le
タ ベイ カイ ツゥ ラ

彼はクビにされました。

他 被打了。
Tā bèi dǎ le
タ ベイ ダ ラ

彼は殴られた。

66 〜なので、…

因为〜，所以…

基本フレーズ

因为 好吃，**所以** 生意好。
Yīn wèi hǎo chī　suǒ yǐ　shēng yì hǎo
イン ウェ　ハウ ツ　スゥォ イ　セン イ ハウ

おいしいから、繁盛しているんだよ。

こんなときに使おう!

ひいきのお店の話題になったときに…

『因为＋ 文章A (理由)，所以＋ 文章B (結果)』は「Aなので、Bです」と理由と結果を表す表現です。

中国語では、因果関係を表す複文で、理由の『因为』(なので) と、結果の『所以』(したがって) がペアで使われることが多いです。先に理由を述べて、あとで結果を述べるときに使います。

● 基本パターン ●

因为 ＋ 文章A ， 所以 ＋ 文章B 。

～なので、…／因为～，所以…

基本パターンで言ってみよう！

因为 有梦想，所以 快乐。
Yīn wèi yǒu mèng xiǎng suǒ yǐ kuài lè
イン ウェ ヨ モン シャン スゥォ イ クァイ ラ

夢があるから、楽しいの。

ワンポイント 『梦想』夢　『快乐』楽しい

因为 他 长得帅，所以 我 喜欢他。
Yīn wèi tā zhǎng de shuài suǒ yǐ wǒ xǐ huān tā
イン ウェ タ ザン ダ スゥァイ スゥォ イ ウォ シ ホァン タ

彼がイケメンだから、好きなの。

ワンポイント 『帅』ハンサム

因为 想你，所以 打电话 给你。
Yīn wèi xiǎng nǐ suǒ yǐ dǎ diàn huà gěi nǐ
イン ウェ シャン ニ スゥォ イ ダ ディェン ホァ ゲイ ニ

君が恋しくなったから、電話したの。

ワンポイント 『想你』君が恋しい

因为 工作太忙了，所以 没法参加。
Yīn wèi gōng zuò tài máng le suǒ yǐ méi fǎ cān jiā
イン ウェ ゴン ズゥォ タイ マン ラ スゥォ イ メイ ファ ツァン ジャ

仕事が忙しいので、参加できないの。

67 〜だから、…

〜，所以…

基本フレーズ♪

我 感冒了，所以 在家 休息。
Wǒ gǎn mào le suǒ yǐ zài jiā xiū xi
ウォ ガン マウ ラ スゥオ イ ザイ ジャ ショ シ

風邪を引いたから、自宅で休んでいるの。

こんなときに使おう!
「あれ？ どうして会社に行ってないの」と聞かれて…

『文章A（理由），所以＋文章B（結果）』は「Aだから、Bです」と理由と結果を表す表現です。必ずしも呼応して使われることではなく、どちらかが省略されることもあります。

基本パターン

文章A ， 所以 ＋ 文章B 。

~だから、…／~，所以…

基本パターンで言ってみよう!

我 有痛风，所以 不能 喝啤酒。
Wǒ yǒu tòng fēng　suǒ yǐ　bù néng　hē pí jiǔ
ウォ ヨ トンフォン　スウォイ　ブナン　ハ ビジョ

痛風持ちだから、ビールを飲めないよ。

我 低血压，所以 早上 爬不起来。
Wǒ dī xiè yā　suǒ yǐ　zǎo shàng　pá bù qǐ lái
ウォ ディシュエヤ　スウォイ　ザサン　パブチライ

低血圧だから、朝起きられないんだよ。

ワンポイント 『爬起来』ベッドから起きる

我 昨天 喝太多了，所以 今天 头很痛。
Wǒ zuó tiān　hē tài duō le　suǒ yǐ　jīn tiān　tóu hěn tòng
ウォ ズウォティエン　ハタイドゥオラ　スウォイ　ジンティエン　トウヘントン

昨日飲み過ぎたから、今日は頭が痛い。

ワンポイント 『~太多了』~すぎた

他找到 更好的 工作，所以 离开了。
Tā zhǎo dào　gèng hǎo de　gōng zuò　suǒ yǐ　lí kāi le
タ ザウダウ　ゲンハウダ　ゴンズウォ　スウォイ　リカイラ

彼はもっといい仕事が見つかったから、ここを離れたんだよ。

ワンポイント 『更好的』は「より良い」。『离开』は「離れる」。
ここでは「仕事をやめる」という意。

68 〜のとき

〜时

基本フレーズ

我 开车时 喜欢 听音乐。
Wǒ kāi chē shí　　xǐ huān　tīng yīn yuè
ウォ カイ ツェ ス　　シ ホァン　ティン イン ユェ

運転するとき、音楽を聴くのが好き。

こんなときに使おう！

「どんなことが好き？」と聞かれて…

『 主語 + 動詞 +时…』は「 主語 が〜するとき、…」という表現です。

「できごとが起きたとき」を表す「〜のとき」には中国語では『〜时』のほかに、『当〜时』や『(当)〜的时候』があります。

基本パターン

主語 ＋ 動詞 ＋ 时 ＋ 文章 。

~のとき／~时

基本パターンで言ってみよう!

我 第一次约会的时候 很紧张。
Wǒ dì yī cì yuē huì de shí hòu hěn jǐn zhāng
ウォ ディ イ ツ ユェ ホェ ダ ス ホウ ヘン ジン ザン

最初のデートのとき、本当に緊張したよ。

ワンポイント 『约会』デート

我 需要 帮助时 你总不在。
Wǒ xū yào bāng zhù shí nǐ zǒng bú zài
ウォ シュィ ヤウ バン ズゥス ニ ゾン ブ ザイ

助けがほしいとき、あなたはいつもいない。

ワンポイント 『帮助』助け

我 早上 出门时 还没 下雨呢。
Wǒ zǎo shàng chū mén shí hái méi xià yǔ ne
ウォ ザウサン ツゥメンス ハイメイ シャユィ ナ

今朝出かけたときには、雨は降っていなかったよ。

69 もし〜だったら

如果〜

基本フレーズ

如果 你 喜欢，就送给你吧。
Rú guǒ nǐ xǐ huān jiù sòng gěi nǐ ba
ル グォ ニ シ ホァン ジョソンゲイ ニ バ

もし気に入ったなら、差し上げますよ。

こんなときに使おう!
お近づきのしるしに…

『如果〜，…』は「もし〜だったら、…」という仮定を表す表現です。
「もし〜だったら」を表す中国語『如果』。口語では『如果〜的话』もよく使います。

●基本パターン●

如果 ＋ 文章Ａ ， 文章Ｂ 。

もし〜だったら／如果〜

基本パターンで言ってみよう！

如果 下雨，比赛 就中止。
Rú guǒ　xià yǔ　　bǐ sài　　jiù zhōng zhǐ
ル グォ　シャ ユィ　ビ サイ　ジョ ゾン ズ

もし雨だったら、試合が中止になる。

ワンポイント 『比赛』試合

如果 没有你，我该 怎么办？
Rú guǒ　méi yǒu nǐ　　wǒ gāi　　zěn me bàn
ル グォ　メイ ヨ ニ　ウォ ガイ　ゼン モ バン

もしあなたがいなければ、私どうしたらいいの？

ワンポイント 『怎么办』どうしよう

如果 我能 中彩票，就好了。
Rú guǒ　wǒ néng　zhòng cǎi piào　　jiù hǎo le
ル グォ　ウォ ナン　ゾン ツァイ ピャウ　ジョ ハウ ラ

もし宝クジに当たったら、うれしいな。

ワンポイント 『彩票』宝クジ

如果 你 有时间，可以 帮 我 修电脑 吗？
Rú guǒ　nǐ　yǒu shí jiān　　kě yǐ　bāng　wǒ　xiū diàn nǎo　　ma
ル グォ　ニ　ヨ スジェン　カ イ　バン　ウォ　ショディェンナウ　マ

もしお時間があったら、パソコンを修理してくれない？

ワンポイント 『帮〜』〜してくれる

70 AはBより〜

A 比 B 〜

基本フレーズ

今年 比去年 冷。
Jīn nián　bǐ qù nián　lěng
ジン ニェン　ビ チュィ ニェン　レン

今年は去年より寒い。

こんなときに使おう!
気候の話になって…

『 名詞A + 比 + 名詞B + 形容詞 』は、「AはBより〜だ」という比較を表す表現です。

● 基本パターン ●

名詞A ＋ 比 ＋ 名詞B ＋ 形容詞 。

AはBより〜／A比B〜

基本パターンで言ってみよう!

我 比你 高。
Wǒ　bǐ nǐ　gāo
ウォ　ビ ニ　ガウ

ボクは君より背が高いよ。

他 比你 年轻。
Tā　bǐ nǐ　nián qīng
タ　ビ ニ　ニェンチン

彼はあなたより若いよ。

ワンポイント　『年轻』若い

这间店 比那间店 便宜。
Zhè jiān diàn　bǐ nà jiān diàn　pián yi
ゼ ジェンディェン　ビ ナ ジェンディェン　ピェン イ

この店はあの店より安い。

ワンポイント　『便宜』（値段が）安い

71 …のほうが〜だ
…比較〜

基本フレーズ

我 比较高。
Wǒ bǐ jiào gāo
ウォ ビ ジャウ ガウ

ボクのほうが背が高いよ。

こんなときに使おう！
「どちらが背が高いか」という相手に…

『 主語 ＋比較＋ 形容詞 』は、「 主語 のほうが〜だ」という比較を表す表現です。

●基本パターン●

主語 ＋ 比較 ＋ 形容詞 。

…のほうが〜だ／…比較〜

基本パターンで言ってみよう!

他 比较 年轻。
Tā bǐ jiào nián qīng

彼のほうが若いよ。

今年 比较 热。
Jīn nián bǐ jiào rè

今年のほうが暑い。

ワンポイント 『热』は「暑い」。ちなみに「寒い」は『冷』。

这间店 比较 便宜。
Zhè jiān diàn bǐ jiào pián yi

この店のほうが安い。

72 〜だって / 听说〜

基本フレーズ

听说 他住院 了。
Tīng shuō tā zhù yuàn le
ティン スゥォ タ ズゥ ユェン ラ

彼、入院したんだって。

こんなときに使おう!
「最近、彼に会わないね」と言われて…

『听说〜』(聞くところによると) は、「〜だそうです」「〜だって」という伝聞を表す表現です。

基本パターン

听说 ＋ 文章 。

基本パターンで言ってみよう!

听说 他 很有钱。
Tīng shuō tā hěn yǒu qián
ティン スゥォ タ ヘン ヨ チェン

彼はお金持ちだそうよ。

ワンポイント 『有钱』金持ち

~だって／听说~

听说 她 结婚了。
Tīng shuō　tā　　jié hūn le
ティンスウォ　タ　ジェ フン ラ

彼女は結婚したって。

听说 汽油 要涨价了。
Tīng shuō　qì yóu　　yào zhǎng jià le
ティンスウォ　チ ヨ　ヤウ ザン ジャ ラ

ガソリンが値上がりするって。

ワンポイント 『涨价』値上がりする

听说 车站附近 开了间 新馆子。
Tīng shuō　chē zhàn fù jìn　　kāi le jiān　　xīn guǎn zi
ティンスウォ　ツェ ザン フ ジン　カイ ラ ジェン　シン グァン ズ

駅の近くに新しいレストランができたって。

ワンポイント 『车站』駅　『馆子』レストラン

听 天气预报 说 明天 有寒流。
Tīng　tiān qì yù bào　shuō　míng tiān　　yǒu hán liú
ティン　ティエン チ ユィ バウ　スウォ　ミン ティエン　ヨ ハン リョ

天気予報によると、明日、寒波が来るって。

ワンポイント 『天气预报』天気予報

II 使える！頻出パターン51

[著者]
趙怡華(ザウ・イーファー)

東京外国語大学院修士課程修了。韓国延世大学校語学堂、アメリカEWU、スペインなどに短期語学留学を終えて、現在は中国語・台湾語の通訳人。通訳業の傍ら、音楽、放送、漫画など多様な翻訳作業に携わっている。

主な著書:『中国語会話フレーズブック』『絵でわかる中国語会話』『中国語のスラング表現』『台湾語会話フレーズブック』『絵でわかる台湾語会話』『はじめての台湾語』(以上、明日香出版社)、『やさしい接客中国語カタコト会話帳』(すばる舎)など

メール y2327886@hotmail.com

CD BOOK たったの72パターンでこんなに話せる中国語会話

2011年 3月 26日 初版発行
2022年 10月 26日 第31刷発行

著　　者	趙怡華
発　行　者	石野栄一
発　行　所	明日香出版社
	〒112-0005　東京都文京区水道2-11-5
	電話　03-5395-7650(代表)
	https://www.asuka-g.co.jp
印　　刷	株式会社研文社
製　　本	根本製本株式会社

©Chao Yihua 2011 Printed in Japan　ISBN 978-4-7569-1448-4
落丁・乱丁本はお取り替えいたします。
本書の内容に関するお問い合わせは弊社ホームページからお願いいたします。

CD BOOK たったの 72 パターンで こんなに話せるイタリア語会話

ビアンカ・ユキ
ジョルジョ・ゴリエリ

「～はどう？」「～だといいね」など、決まったパターンを使いまわせば、イタリア語は誰でも必ず話せるようになる！ これでもうフレーズ丸暗記の必要ナシ。この 72 パターンを覚えれば、言いたいことが何でも言えるようになります。

本体価格 1800 円＋税　B6 変型　〈224 ページ〉　2010/07 発行　978-4-7569-1397-5

CD BOOK たったの 72 パターンで こんなに話せるフランス語会話

小林 知子
エリック・フィオー

「～はどう？」「～だといいね」など、決まったパターンを使いまわせば、フランス語は誰でも必ず話せるようになる！ これでもうフレーズ丸暗記の必要ナシ。この 72 パターンを覚えれば、言いたいことが何でも言えるようになります。

本体価格 1800 円＋税　B6 変型　〈224 ページ〉　2010/08 発行　978-4-7569-1403-3

CD BOOK たったの 72 パターンで こんなに話せるスペイン語会話

欧米・アジア語学センター
フリオ・ルイス・ルイス

日常会話でよく使われる基本的なパターン（文型）を使い回せば、スペイン語で言いたいことが言えるようになります！　まず基本パターン（文型）を理解し、あとは単語を入れ替えれば、いろいろな表現を使えるようになります。

本体価格 1800 円＋税　B6 変型　〈224 ページ〉　2013/02 発行　978-4-7569-1611-2

CD BOOK イタリア語会話フレーズブック

**ビアンカ・ユキ
ジョルジョ・ゴリエリ**

日常生活で役立つイタリア語の会話フレーズを2900収録。状況別・場面別に、よく使う会話表現を掲載。海外赴任・留学・旅行・出張で役立つ表現も掲載。あらゆるシーンに対応できる、会話表現集の決定版！

本体価格2800円+税　B6変型　〈360ページ〉　2007/03発行　978-4-7569-1050-9

CD BOOK フランス語会話フレーズブック

**井上 大輔／エリック・フィオー
井上 真理子**

フランス好きの著者と、日本在住のフランス人がまとめた、本当に使えるフランス語会話フレーズ集！基本的な日常会話フレーズだけでなく、読んでいるだけでためになるフランス情報ガイド的な要素も盛り込みました。CD3枚付き！

本体価格2800円+税　B6変型　〈416ページ〉　2008/01発行　978-4-7569-1153-7

CD BOOK スペイン語会話フレーズブック

林 昌子

日常生活で役立つスペイン語の会話フレーズを2900収録。状況別に、よく使う会話表現を掲載。スペイン語は南米の国々でも使われています。海外赴任・留学・旅行・出張で役立つ表現も掲載。あらゆるシーンに対応できる会話表現集の決定版！

本体価格2900円+税　B6変型　〈408ページ〉　2006/05発行　978-4-7569-0980-0

ドイツ語会話フレーズブック

**岩井 千佳子
アンゲリカ・フォーゲル**

日常生活で役立つドイツ語の会話フレーズを2900収録。状況別に、よく使う会話表現を掲載。海外赴任・留学・旅行・出張で役立つ表現も掲載。カードに添える言葉、若者言葉なども紹介しています。

本体価格 2900 円＋税　B6 変型　〈400 ページ〉　2006/02 発行　4-7569-0955-8

韓国語会話フレーズブック

李 明姫

日常生活で役立つ韓国語の会話フレーズを2900収録。状況別・場面別に、よく使う会話表現を掲載。近年、韓国を訪れる日本人が増えています。海外赴任・留学・旅行・出張で役立つ表現も掲載。あらゆるシーンに対応できる、会話表現集の決定版！

本体価格 2800 円＋税　B6 変型　〈464 ページ〉　2005/06 発行　978-4-7569-0887-2

台湾語会話フレーズブック

**趙怡華：著
陳豐惠：監修**

好評既刊『はじめての台湾語』の著者が書いた、日常会話フレーズ集です。シンプルで実用的なフレーズを場面別・状況別にまとめました。前作と同様、台湾の公用語と現地語（親しい人同士）の両方の表現を掲載しています。様々なシーンで役立ちます。CD3 枚付き。

本体価格 2900 円＋税　B6 変型　〈424 ページ〉　2010/06 発行　978-4-7569-1391-3